とっさのときに困らない
英語の30秒スピーチ

小坂貴志
ヒース・ローズ

CD BOOK

研究社

はじめに

　「とっさのとき」に「ある程度まとまった内容」のことを言わなければならない。そんな場面に出くわすことはありませんか。日本語ならまだしも、それが英語だったとしたら…。想像するだけでも冷や汗が出てきそうです。

　ここで言う「とっさのとき」とは、そして「ある程度まとまった内容」とは一体何を指すのでしょうか。本書が「30秒」にこだわった理由も含めて述べてみたいと思います。

　まず、「とっさのとき」ですから、「30分話してください」とはまさか頼まれないはずです。30分話すには、もちろん内容にもよりますが、数日から数か月の準備が必要です。ですから、とっさにお願いされたとすれば、「とりあえず何かひと言でいいから話してほしい」という意味合いになるでしょう。先方もみなさんの英語能力をある程度は知っています。無理なお願いはしてこないはずです。

　さらに、「あまりダラダラと長話はしないでくれ」というニュアンスも込められているでしょう。依頼者の本心はきっとそうであるに違いありません。また、一方で、「30秒」という時間はとても短いようで、案外ちゃんとした内容を話せる時間でもあります。

　本書は、「とっさのとき」に「ひと言だけ話す」のに慣れていない方々への絶好の「虎の巻」です。何をどのように話せばいいのか、英文サンプルを豊富にご紹介します。それぞれの英文サンプルには、単語や表現の解説だけでなく、ワンポイントとして効果的なスピーチをするためのヒントを散りばめました。また、「言い換え表現」によって対応可能な状況が倍増しますので、スピーチがますます汎用的なものになるはずです。

　話すことに慣れている人、あるいは英語能力が高い人でも、簡潔に、しかも効果的に話を組み立て、実際に人前で「英語で」話をするには相当の注意が必要です。英語に少し自信のある方は、実際のスピーチの前に本書にちらっと目

を通していただくだけでも結構ですし、やや物足りないという方は、本書の姉妹編である『ビジネスで使える　英語の1分間スピーチ』をぜひ参考になさってください。

　本書はビジネスでも、プライベートでも参考にしていただけるよう、どちらの場面でも起こりうる状況を設定しました。しかし、ビジネスとプライベートとで内容が二分されてしまうかと言えば、そうでもありません。単語や表現レベルでみれば、ビジネスにもプライベートにも共通して使えるものもありますし、「今日はプライベート」「明日はビジネス」と様々な場面でのスピーチが必要となる方々にもとても便利だと思います。

　さて、本書の企画段階では研究社の吉田尚志さんに大変お世話になりました。飽きずにお付き合いいただき、早いもので本書が7冊目のプロジェクトです。また、同じく研究社の宮内繭子さんには、念入りな編集校正作業でお世話になりました。この場を借りてお礼を申し上げます。

　それでは、英語スピーチのデビューがまだの方も、すでに何度かやってみて悩んでいる方も、本書を参考にされ、成果をおさめられますよう、お祈り申し上げます。

著者を代表して
小坂貴志

目　次

はじめに　　　　　　　　　　　　　　　　　　　　　　　　　　　　iii

part 1 ｜ 実例編

chapter 1　自己紹介のスピーチ　　　　　　　　　　　　　　　2
自己紹介のスピーチ ①　**自己紹介する**（丁寧な表現）　　　　　　　　　5
自己紹介のスピーチ ②　**自己紹介する**（くだけた表現）　　　　　　　　9
自己紹介のスピーチ ③　**中途採用者として自己紹介する**　　　　　　　12
自己紹介のスピーチ ④　**新卒採用者として自己紹介する**　　　　　　　15
自己紹介のスピーチ ⑤　**セミナー参加者として自己紹介する**　　　　　18
自己紹介のスピーチ ⑥　**新卒の採用面接で自己紹介する**　　　　　　　20
自己紹介のスピーチ ⑦　**上司として自己紹介する**　　　　　　　　　　23

chapter 2　パーティーのスピーチ　　　　　　　　　　　　26
パーティーのスピーチ ①　**誕生日パーティー**（祝われる側、丁寧な表現）　27
パーティーのスピーチ ②　**誕生日パーティー**（祝われる側、くだけた表現）30
パーティーのスピーチ ③　**友人の誕生日パーティー**（祝う側）　　　　　33
パーティーのスピーチ ④　**同僚の誕生日パーティー**（祝う側）　　　　　36
パーティーのスピーチ ⑤　**忘年会**　　　　　　　　　　　　　　　　　38
パーティーのスピーチ ⑥　**新年度のパーティー**　　　　　　　　　　　41
パーティーのスピーチ ⑦　**新年会／大みそかのパーティー**　　　　　　44
パーティーのスピーチ ⑧　**クリスマスパーティー**　　　　　　　　　　46

chapter 3　式のスピーチ　　　　　　　　　　　　　　49

式のスピーチ ①　**入学式**	50
式のスピーチ ②　**卒業式**	53
式のスピーチ ③　**お通夜／お葬式**	56
式のスピーチ ④　**同僚、友人の結婚式（祝う側）**	59
式のスピーチ ⑤　**結婚式（新郎、新婦として。祝われる側）**	61

chapter 4　歓迎のスピーチ　　　　　　　　　　　　　　63

歓迎のスピーチ ①　**歓迎会（歓迎される側、丁寧な表現）**	64
歓迎のスピーチ ②　**歓迎会（歓迎される側、くだけた表現）**	67
歓迎のスピーチ ③　**歓迎会（歓迎する側、丁寧な表現）**	70
歓迎のスピーチ ④　**歓迎会（歓迎する側、くだけた表現）**	73

chapter 5　お別れのスピーチ　　　　　　　　　　　　　76

お別れのスピーチ ①　**送別会（送別される側、丁寧な表現）**	78
お別れのスピーチ ②　**送別会（送別される側、くだけた表現）**	81
お別れのスピーチ ③　**送別会（送別する側、丁寧な表現）**	84
お別れのスピーチ ④　**送別会（送別する側、くだけた表現）**	87
お別れのスピーチ ⑤　**送別会（送別される側。退職）**	90
お別れのスピーチ ⑥　**送別会（送別される側。転勤）**	93

chapter 6　シンポジウムの司会　　　　　　　　　　　　96

シンポジウムの司会 ①　**はじめの言葉**	97
シンポジウムの司会 ②　**講演者の紹介**	101
シンポジウムの司会 ③　**終わりの言葉**	104

chapter 7　プレゼン　　　　　　　　　　　　　　　　　107

プレゼン ①　**はじめに**	108
プレゼン ②　**チャートを説明する**	112
プレゼン ③　**結論**	117

chapter 8　授業／ワークショップのスピーチ　120

授業／ワークショップのスピーチ ①　**開始**　121

授業／ワークショップのスピーチ ②　**授業計画の説明**　124

授業／ワークショップのスピーチ ③　**アクティビティーの説明**　127

授業／ワークショップのスピーチ ④　**課題の説明**　129

授業／ワークショップのスピーチ ⑤　**終わり**　133

chapter 9　会議のスピーチ　136

会議のスピーチ ①　**開始**　137

会議のスピーチ ②　**意見を求める**　140

会議のスピーチ ③　**終了**　143

chapter 10　ベビーシャワーのスピーチ　146

ベビーシャワーのスピーチ ①　**祝福する側**　147

ベビーシャワーのスピーチ ②　**祝福される側**　150

chapter 11　食事の前のお祈り　153

食事の前のお祈り（キリスト教）　154

chapter 12　自宅訪問のスピーチ　156

自宅訪問のスピーチ ①　**ホストとして**　157

自宅訪問のスピーチ ②　**ゲストとして**　160

part 2 | 機能別表現編

報告する	164
発表する	165
意見を言う	166
賛成する	167
反対する	168
感謝する	169
謝る	170
許可をもらう	171
要求する	172
意欲を高める	174
叱責する	175
懲罰を与える	176
昇進させる	177
目的を説明する	178
列挙する	179

part **1** | **Samples**
実例編

chapter 1
自己紹介のスピーチ

　日本では、自分を紹介することはあまりありません。第三者に紹介され、人脈の輪が広がっていくからです。一方、英語圏では引越しも多く、新転地にて自分を紹介する機会が頻繁にあります。そのため、自分の言葉で自分を紹介するのがとても上手な方が多くいます。

基本の組み立て

一般的な自己紹介の流れをまとめてみました。

Introduction

あいさつ → 名前 → 就任したポジション → お礼

Body

学歴 → 職歴 → 現在に至った経緯

Conclusion

今後への期待

それぞれについて簡単にまとめておきましょう。

Introduction

あいさつ

　簡単なあいさつではじめましょう。英語には、日本語の時候のあいさつに相当する表現はありません。

Hello, everyone.
みなさん、こんにちは。

Good morning.
おはようございます。

Good afternoon.
こんにちは。

Good evening.
こんばんは。

> 名 前

まずは名前を紹介します。英語式に「名前」→「名字」の順序でかまいません。日本人の名前には慣れていないでしょうから、ゆっくり発音してあげましょう。英語風のアクセントにする必要はありません。また、ニックネームは覚えてもらいやすいですが、切りかえがむずかしいので、正式な場面ではしっかりした日本語名を使うことをおすすめします。つい年齢を言ってしまいがちですが、その必要はありません。年齢を紹介すると、むしろ「おやっ？」という反応をされるので要注意です。

My name is…

I am…
〜と申します。

> 就任したポジション

現在のポジションを紹介します。会社についても紹介が必要であれば、簡単に説明してください。

I have been hired as…
〜として働いています。

> お 礼

いっしょの職場で働けることに対するお礼を述べます。

I am happy to have the opportunity to work with you.
いっしょに働く機会をいただけてうれしいです。

Body

くわしい自己紹介をします。

Let me tell you about myself.
自己紹介させてください。

> 学 歴

大学からはじめるのが一般的です。必要に応じて、さらにさかのぼって紹介しますが、出身地等にまで触れることは少ないでしょう。

My academic background is in…
私の専門は〜です。

I completed my 学位 at 大学名 in 所在地
〜にある〜大学で〜の学位を取得しました。

[職歴]

これまでに職歴がある場合には、ここで紹介します。

I was recruited by 会社名.
〜で働いていました。

I worked as 肩書き.
〜として働いていました。

[現在に至った経緯]

新入社員か中途採用かなどによって状況は異なるでしょうが、現在に至ったまでの経緯について紹介します。

I applied for the position of 肩書き.
〜のポジションに応募しました。

I was hired.
採用されました。

Conclusion

[今後への期待]

会話の締めくくりには、通常未来のことについて話します。自己紹介でも、今後（未来）への期待について話をすると、まとまったスピーチができあがります。

I look forward to getting to know everyone.
みなさんのことをもっと知ることができるのを楽しみにしています。

I look forward to working with you.
みなさんと働くことを楽しみにしています。

自己紹介のスピーチ ❶

自己紹介する（丁寧な表現）

Introducing yourself *(formal)*

複数の企業が参加するプロジェクトで、メンバーとしての初日に自己紹介をします。

🔊 **track 1**

> Hello everyone. My name is Takashi Ando. I am the section chief of the marketing section of Hayashi Electronics Company. I am very honored to become part of your team, and to have this opportunity to meet you all. I am sure I have many questions for you about what you do, so please excuse me if I ask you about many things. If you have any questions for me, please don't hesitate to ask.

［訳］
みなさん、こんにちは。安藤隆志と申します。林エレクトロニクス社のマーケティング課の課長をしております。チームの一員となり、みなさんにお会いする機会を持てることをとても光栄に思います。みなさんがどのようなことをされているかたくさん質問をすることになると思いますが、どうかお許しください。私にご質問があれば、どうぞ遠慮なくおたずねください。

> 解説

Hello（あいさつ）everyone.
みなさん、こんにちは。

> 言い換え表現

● Hello（あいさつ）の言い換え表現
  Good morning「おはようございます」/ Good evening「こんばんは」

> ワンポイント

もっとも汎用的なあいさつ表現。

My name is Takashi Ando（名前）.
安藤隆志と申します。

> 語句

My name is…「〜と申します」。I am… で言い換えられる。

I am the section chief（肩書き）of the marketing（部署名）section of Hayashi Electronics Company（会社名）.
林エレクトロニクス社のマーケティング課の課長をしております。

> 語句

section chief「課長」

> 言い換え表現

section chief（肩書き）と marketing（部署名）の言い換え表現

● 肩書き
CEO (Chief Executive Officer)	「最高執行責任者」
CFO (Chief Financial Officer)	「最高財務責任者」
CIO (Chief Information Officer)	「最高情報責任者」
CIO (Chief Investment Officer)	「最高投資責任者」
President	「社長」
Vice President	「副社長」

Senior Managing Director	「専務」
Managing Director	「常務」
Director	「統括本部長」
Branch Director	「支店長」
Branch Manager	「店長」
Manager	「部長」
Deputy Manager	「部長代理」
Manager	「室長」
Section Chief	「課長」
Sub-section Chief	「係長」
Sales Representative	「営業担当」
Line of Business	「管理職」
Secretary	「秘書」
Assistant	「アシスタント」
Assistant to ...	「〜のアシスタント」

●部署名

Accounting	「経理」
General Affairs	「総務」
Sales	「営業」
Overseas Sales	「海外営業」
President's Office（section はつけない）	「社長室」

> ワンポイント

役職名は英語と日本語では必ずしも一致しないので要注意。代表的な例として、日本企業の副社長（**Vice President**）はひとりでも、アメリカなど国によっては複数いて、日本企業の部長に相当する場合がある。マーケティング担当部長は **Vice President of Marketing** などと言うこともある。「○○会社の○○部の○○」と言うには前置詞 **of** でつなぎあわせればよい。

I am very honored to become part of your team, and to have this opportunity to meet you all.

チームの一員となり、みなさんにお会いする機会を持てることをとても光栄に思います。

chapter 1 自己紹介のスピーチ Introducing yourself

[語句]

I am very honored to *do*「～することを光栄に思う」/ **become part of…**
「～の一部［仲間、一員］になる」/ **have this opportunity to** *do*「～する機会を持つ」

I am sure I have many questions for you about what you do, so please excuse me if I ask you about many things.

みなさんがどのようなことをされているかたくさん質問をすることになると思いますが、どうかお許しください。

[語句]

I am sure…「～は確かだ」/ **have questions for…**「～に質問がある」/ **what you do** は「やっている仕事」のこと。

[ワンポイント]

excuse me は「すみません」だけではなく、このような場合にも使える表現。

If you have any questions for me, please don't hesitate to ask.

私にご質問があれば、どうぞ遠慮なくおたずねください。

[語句]

don't hesitate to *do*「～することを躊躇しないでください」。つまり「躊躇せずに～してください」という意味。

自己紹介のスピーチ ❷

自己紹介する（くだけた表現）

Introducing yourself *(informal)*

複数の企業が参加するプロジェクトで、メンバーとしての初日に自己紹介をします。ほかのメンバーに会えて興奮気味です。

🔊 **track 2**

> Hi everyone. My name is Takashi Ando, but please call me Takashi. I work here at Hayashi Electronics in the sales section as a sales representative. I am thrilled at the chance to be here and to meet you all, so please excuse me if I ask you lots of questions. And please feel free to ask me questions too.

［訳］
みなさん、こんにちは。私の名前は安藤隆志といいますが、隆志と呼んでください。私は弊社、林エレクトロニックスの営業部で営業担当として働いています。ここにいられ、みなさんにお会いできる機会に興奮していますので、たくさんの質問をしてもお許しください。私にも気軽に質問をしてください。

解説

Hi（あいさつ）**everyone.**

みなさん、こんにちは。

言い換え表現

● Hi（あいさつ）の言い換え表現

　Good morning「おはようございます」/ Good evening「こんばんは」

ワンポイント

もっとも汎用的なあいさつ表現。

My name is Takashi Ando（名前）**, but please call me Takashi**（呼び名）**.**

私の名前は安藤隆志といいますが、隆志と呼んでください。

語句

call me...「〜と呼ぶ」

ワンポイント

Just call me...「〜と（だけ）呼ぶ」/ Just call me Takashi.「隆志と呼んでください」

I work here at Hayashi Electronics（会社名）**in the sales**（部署名）**section as a sales representative**（肩書き）**.**

私は弊社、林エレクトロニクスの営業部で営業担当として働いています。

言い換え表現

● sales（部署名）と sales representative（肩書き）の言い換え表現

　→ 6, 7ページを参照

I am thrilled at the chance to be here and to meet you all, so please excuse me if I ask you lots of questions.

ここにいられ、みなさんにお会いできる機会に興奮していますので、たくさんの質問をしてもお許しください。

語句

be thrilled at...「～に興奮する」/ **excuse me**「お許しください」

And please feel free to ask me questions too.

私にも気軽に質問をしてください。

語句

feel free to *do*「遠慮なく～する」

ワンポイント・クリニック ❶

アイコンタクトで理解度をたしかめる

アイコンタクトをとれ。これはよく言われますが、なぜアイコンタクトが重要なのでしょうか。ひとつには、自分の話している内容が聴衆に正しく伝わっているかを、彼らの反応を見て確かめられるからです。原稿を読んでいたり、パワーポイントをじっと見つめていたりでは、これができなくなってしまいます。

自己紹介のスピーチ ❸

中途採用者として自己紹介する

Introducing yourself as a newly transferred employee

中途採用者としての自己紹介で、学歴や入社にあたっての希望について話します。

🔊 track 3

> Hi everyone. My name is Takashi Ando. I am the new sales representative in the marketing department. Before coming to this company I worked for five years as a sales representative for Honda enterprises. Before that I was a student at Gaigo University and majored in Economics. I hope my experience will be an asset to this company.

［訳］
みなさん、こんにちは。私の名前は安藤隆志です。私はマーケティング部の新しい営業担当です。当社に来る前は、本田エンタープライズの営業担当として5年間勤務しました。その前は外語大学の学生で、経済学を専攻していました。私の経験が当社に役立つものとなることを願っています。

> 解説

Hi everyone. My name is <u>Takashi Ando</u>（名前）. I am the new <u>sales representative</u>（肩書き） in the <u>marketing</u>（部署名） department.

みなさん、こんにちは。私の名前は安藤隆志です。私はマーケティング部の新しい営業担当です。

> 言い換え表現

● sales representative（肩書き）と marketing（部署名）の言い換え表現
　→ 6, 7ページを参照

Before coming to this company I worked for <u>five years</u>（期間） as a <u>sales representative</u>（肩書き） for <u>Honda enterprises</u>（会社名）.

当社に来る前は、本田エンタープライズの営業担当として5年間勤務しました。

> 語句

come to... はここでは「入社する」と解釈できる / work for + 会社名で「〜に勤務する」

> 言い換え表現

● sales representative（肩書き）の言い換え表現
　→ 6ページを参照

Before that I was a student at <u>Gaigo University</u>（学校名） and majored in <u>Economics</u>（専攻）.

その前は外語大学の学生で、経済学を専攻していました。

> 語句

major in ... 「〜を専攻する」

> 言い換え表現

● Economics（専攻）の言い換え表現
　Literature　　　　　　　「文学」
　Psychology　　　　　　　「心理学」
　Management　　　　　　「経営学」
　Law　　　　　　　　　　「法学」

Music	「音楽」
Art	「美術」
Technology	「工学」
Finance	「会計」
Linguistics	「言語学」
English	「英語」
Languages	「言語」
Sociology	「社会学」
Education	「教育学」
Physics	「物理学」
Medicine	「医学」
Chemistry	「化学」
Science	「科学」
Biology	「生物学」
Cultural Studies	「カルチュラル・スタディーズ」
Information Technology / Computing	「情報工学」

I hope my experience will be an asset to this company.

私の経験が当社に役立つものとなることを願っています。

[語句]

asset「資産」「価値」という意味。

[ワンポイント]

「〜に対する価値」と言う場合には前置詞の **to** をともない、**asset to** となる。

自己紹介のスピーチ ❹

新卒採用者として自己紹介する

Introducing yourself as a newly hired graduate

新卒社員としての自己紹介で、学歴や英語のレベルなどについて話します。

🔊 track 4

> Hi everyone. My name is Takashi Ando. I am a newly hired graduate and I will be working in the finance department. I have recently graduated from Kyoto University where I studied business and majored in Finance. I have also studied English, although I think my English is still poor. I look forward to working with you all in the future.

[訳]
みなさん、こんにちは。私の名前は安藤隆志です。私は新入社員として採用され、財務部で働くことになりました。京都大学をつい最近卒業し、大学ではビジネスを学び会計学を専攻しました。英語も勉強しましたが、まだうまくないと思います。これからみなさんと働けることを楽しみにしています。

> 解説

Hi everyone. My name is Takashi Ando (名前). I am a newly hired graduate and I will be working in the finance (部署名) department.

みなさん、こんにちは。私の名前は安藤隆志です。私は新入社員として採用され、財務部で働くことになりました。

> 語句

a newly hired graduate は「新規に採用になった卒業生」。つまり「新入社員」ということ。

> 言い換え表現

● finance（部署）の言い換え表現

→ 7ページを参照

I have recently graduated from Kyoto University (大学名) where I studied business (学問) and majored in Finance (専攻).

京都大学をつい最近卒業し、大学ではビジネスを学び会計学を専攻しました。

> 語句

recently「最近」 / major in...「〜を専攻する」

> 言い換え表現

● Finance（専攻）の言い換え表現

→ 13, 14ページを参照

I have also studied English, although I think my English is still poor.

英語も勉強しましたが、まだうまくないと思います。

> 語句

poor「苦手」「下手」という意味。

I look forward to working with you all in the future.

これからみなさんと働けることを楽しみにしています。

語句

look forward to *doing*「~することを楽しみにする」

ワンポイント・クリニック ❷

アイコンタクトで聴衆をコントロール！

アイコンタクトには、聴衆の理解度を確かめる以上に大切な役割があります。それは聴衆をアイコンタククトでコントロールすることです。「今、大切なことを話していますよ」「ここは笑うべきところですよ」など、微妙なニュアンスはアイコンタクトやポーズによって表現することができます。

自己紹介のスピーチ ❺

セミナー参加者として自己紹介する

Introducing yourself as a seminar participant

セミナー参加者としての自己紹介で、セミナーに期待することなどを話します。

🔊 track 5

> Hi everyone. I am Takashi Ando from Hayashi Electronics. I work in the sales department as a sales representative. I am sure this seminar will be very useful and I can learn many things and understand new trends in this business. I also hope to make connections with employees from other companies while I am here.

[訳]
みなさん、こんにちは。林エレクトロニクス社から参りました安藤隆志と申します。私は営業部で営業担当として働いています。このセミナーがとても有意義なもので、多くのことを学べ、この業界の最新動向を理解できるだろうと確信しています。セミナー参加中に他社の方と人脈を築きたいとも思っています。

解説

Hi everyone. I am Takashi Ando (名前) from Hayashi Electronics (会社名).

みなさん、こんにちは。林エレクトロニクス社から参りました安藤隆志と申します。

ワンポイント

所属を表す前置詞には from のほかに、with がある。

I work in the sales (部署名) department as a sales representative (肩書).

私は営業部で営業担当として働いています。

言い換え表現

● sales（部署名）と sales representative（肩書き）の言い換え表現
　→ 6, 7ページを参照

I am sure this seminar will be very useful and I can learn many things and understand new trends in this business.

このセミナーがとても有意義なもので、多くのことを学べ、この業界の最新動向を理解できるだろうと確信しています。

語句

trends「トレンド」「最新動向」

I also hope to make connections with employees from other companies while I am here.

セミナー参加中に他社の方と人脈を築きたいとも思っています。

語句

make connections with…「人脈を築く」。同じ意味で **network** という動詞もある。

自己紹介のスピーチ ❻

新卒の採用面接で自己紹介する

Introducing yourself as a student at a job interview

新卒の採用面接の自己紹介で大学の専攻、就労経験、英語学習の経験などについて話します。

🔊 **track 6**

> Hello. I am Takashi Ando. I am a fourth year student at Gaigo University. I am studying in the Business department and my major is International Finance. My work experience includes an internship with Hayashi Electronics. My English learning experience includes studying at university and traveling for three weeks in London, England.

[訳]
こんにちは。安藤隆志と申します。私は外語大学の4年生です。経営学部で学んでおりまして、専攻は国際会計学です。働いた経験としては、林エレクトロニクス社でインターンシップをしたことがあります。英語学習の経験としては、大学での勉強と、イギリスのロンドンを3週間旅行したことがあります。

解説

<u>Hello</u>（あいさつ）．

こんにちは。

[言い換え表現]

● Hello（あいさつ）の言い換え表現

　Good morning「おはようございます」/ Good evening「こんばんは」

[ワンポイント]

もっとも汎用的なあいさつ表現。

I am <u>Takashi Ando</u>（名前）. I am a <u>fourth year</u>（学年） student at <u>Gaigo University</u>（大学名）.

安藤隆志と申します。私は外語大学の4年生です。

[言い換え表現]

● fourth year（学年）の言い換え表現

　third year　　「3年」
　graduate　　　「大学院」

[ワンポイント]

junior「3年生」/ senior「4年生」とも言う。

I am studying in the <u>Business</u>（学部） department and my major is <u>International Finance</u>（専攻）.

経営学部で学んでおりまして、専攻は国際会計学です。

[語句]

major「専攻」

[言い換え表現]

● Business（学部）と International Finance（専攻）の言い換え表現

　→ 13, 14 ページを参照

---

chapter 1　自己紹介のスピーチ　Introducing yourself

My work experience includes an internship with Hayashi Electronics（会社名）.

働いた経験としては、林エレクトロニクス社でインターンシップをしたことがあります。

> 語句

include「含む」/ internship「インターンシップ」

My English learning experience includes studying at university and traveling for three weeks（期間）**in London, England**（場所）.

英語学習の経験としては、大学での勉強と、イギリスのロンドンを3週間旅行したことがあります。

> ワンポイント

何かを列挙する include はとても便利な言葉。

自己紹介のスピーチ ❼

上司として自己紹介する

Introducing yourself as a senior employee / boss

上司として自己紹介をします。

🔊 track 7

> Hello everyone. My name is Keiko Hayashi. I am the head of the finance department. I have been working at Hayashi Electronics for 35 years, and have been head of finance for 20 of those years. Although I may sometimes be very busy, I hope to make some time to get to know each of you better in the very near future.

[訳]
みなさん、こんにちは。私の名前は林恵子です。私は財務部長をしております。林エレクトロニクス社には35年勤務し、財務部の部長職には20年就いております。私の仕事はとても忙しくなることもありますが、近々、みなさんお一人おひとりをよく知る時間をつくりたいと思っております。

> 解説

Hello _(あいさつ) everyone.

みなさん、こんにちは。

> 言い換え表現

● Hello（あいさつ）の言い換え表現
　Good morning「おはようございます」/ Good evening「こんばんは」

> ワンポイント

もっとも汎用的なあいさつ表現。

My name is Keiko Hayashi _(名前). I am the head of the finance _(部署名) department.

私の名前は林恵子です。私は財務部長をしております。

> 言い換え表現

● finance（部署名）の言い換え表現
　→ 7ページを参照

I have been working at Hayashi Electronics _(会社名) for 35 years _(勤続年数), and have been head of finance _(部署名) for 20 _(ポジションに就いている年数) of those years.

林エレクトロニクス社には35年勤務し、財務部の部長職には20年近く就いております。

> 言い換え表現

● finance（部署名）の言い換え表現
　→ 7ページを参照

Hayashi electronics（会社名）、35 years（勤続年数）、20（ポジションに就いている年数）についてはみなさんの状況に応じて言い換えてください。

> ワンポイント

have been working や have been head of finance などの have been は、現在も継続中であることを表している。

Although I may sometimes be very busy, I hope to make some time to get to know each of you better in the very near future.

私の仕事はとても忙しくなることもありますが、近々、みなさんお一人おひとりをよく知る時間をつくりたいと思っております。

[語 句]

make some time to *do*「〜する時間をつくる」/ **get to know…**「〜を知る」

[ワンポイント]

may は可能性を表す助動詞。

[ワンポイント・クリニック ❸]

アイコンタクトではじめ、アイコンタクトで終わる

いきなりスピーチをはじめるのはあまり効果的ではありません。壇上に立ち準備が整ったら、会場全体をざっと見わたし、ニコッとほほえんでください。聴衆が完全に静まってからスピーチをはじめます。話し終わったらそそくさと壇上を去るのではなく、再び会場を見わたし、ほほえんでから退場するようにします。はじめ（終わり）よければすべてよし、ですね。

chapter 2
パーティーのスピーチ

　人が集まればそれはパーティーとなります。正式なものから、たんに人が集まっただけのものまでありますが、変わらないのは「祝う」という気持ちです。それを表すキーワードは、これです。

> celebrate

基本の組み立て

いろいろな状況が考えられるので一概には言えませんが、次のような3部構成をとります。

> パーティーの目的 ＋ 希望 ＋ 祝いの言葉

パーティーの目的

I would like to propose a toast to celebrate…
〜を祝うために、乾杯の音頭をとらせていただきます。

Thank you for coming here tonight to celebrate…
今夜は、〜を祝うためにお集まりいただきありがとうございます。

乾杯の指示、来てくれたことへの感謝といった内容ではありますが、いずれもパーティーの目的を伝えていることに違いはありません。

希望

目的に応じて、いろいろな内容が伝えられます。具体的にはサンプルスピーチをご覧ください。

祝いの言葉

Happy…
〜おめでとうございます。

これもいろいろなパターンが考えられます。基本的には、上の通りです。

パーティーのスピーチ ❶

誕生日パーティー（祝われる側、丁寧な表現）

Your birthday party *(formal)*

誕生日を祝ってくれたことへの感謝を述べます。パーティーの企画者には特に感謝します。

🔊 **track 8**

> Thank you everyone for helping me celebrate my birthday. A special thank-you to Andrew Johns for organizing this party. Over the years I have enjoyed getting to know all of you. I appreciate the friendship and the kindness you have shown me. I hope you can help me celebrate many more birthdays to come!

［訳］
みなさん、私の誕生日をいっしょに祝ってくださり、ありがとうございます。このパーティーを企画してくださったアンドリュー・ジョーンズさんには特に感謝します。何年にもわたって、みなさんと親交を深めることができてとてもうれしく思っています。みなさんの友情とご親切にはとても感謝しています。これからもたくさんやってくる誕生日をいっしょに祝ってもらえることを願っています。

解説

Thank you everyone for helping me celebrate my birthday.

みなさん、私の誕生日をいっしょに祝ってくださり、ありがとうございます。

ワンポイント

thank you everyone for... の構文。everyone の挿入位置に注意 /
help ＋ 人 ＋ 動詞で「〜が…するのを助ける」

A special thank-you to Andrew Johns (名前) for organizing this party.

このパーティーを企画してくださったアンドリュー・ジョーンズさんには特に感謝します。

語句

organize a party「パーティーを企画運営する」

ワンポイント

上の文は完全な文章ではないが、定型表現として使われる。

Over the years I have enjoyed getting to know all of you.

何年にもわたって、みなさんと親交を深めることができてとてもうれしく思っています。

語句

get to know...「〜を知る」

ワンポイント

over the years の over では長い間というニュアンスが表現されている。

I appreciate the friendship and the kindness you have shown me.

みなさんの友情とご親切にはとても感謝しています。

[語句]

appreciate「感謝する」/ **friendship**「友情」/ **kindness**「親切さ」。ここでは「友情」や「親切さ」を show（示す）と表現されている。

I hope you can help me celebrate many more birthdays to come!

これからもたくさんやってくる誕生日をいっしょに祝ってもらえることを願っています。

[語句]

… to come「これから来る〜」

[ワンポイント]

ちょっとしたユーモアを含む表現。

[ワンポイント・クリニック ❹]

広い会場なら3方向へアイコンタクトを

アイコンタクトの理想は一人ひとりを見つめることです。会場が広くてそれができないようなときには、左、中央、右と会場を3つに区切って、数秒間隔で視線を移動させます。その途中で、偶然人と目が合うことがあります。そうなると、その人に対してのメッセージ効果は倍増します。会場が広ければ広いほど、アイコンタクトが向けられた方向に座っている人は「自分が見られている」と錯覚してしまうものです。さらに広い会場では、前、後という区切りも入れれば、さらに効果的なアイコンタクトができます。

パーティーのスピーチ ❷

誕生日パーティー（祝われる側、くだけた表現）

Your birthday party *(informal)*

誕生日を祝ってくれたことへの感謝を述べます。歳をとりたくない気持ちをユーモアをまじえて伝えます。企画者には特に感謝します。

🔊 track 9

Thanks everyone for coming today and celebrating my birthday. Today I am 41 years young. I tried to forget my birthday was today. However, by having this party, you have reminded me I am getting old! But seriously, thank you for showing me getting old can be fun. And a special thanks to Andrew Johns for throwing this party for me!

［訳］
今日はお越しいただいて私の誕生日を祝ってくださり、ありがとうございます。今日で私は41歳になりました。今日が私の誕生日であることを忘れようとしました。ところが、このパーティーがあったので、年をとることを思い出してしまいました！ でも、冗談はさておき、年をとるのが楽しいことにもなると教えてくださって、ありがとうございます。私のためにこのパーティーを開いてくれたアンドリュー・ジョーンズさんには特に感謝します。

> 解説

Thanks everyone for coming today and celebrating my birthday.

今日はお越しいただいて私の誕生日を祝ってくださり、ありがとうございます。

> 語 句

celebrate「祝う」

> ワンポイント

thanks everyone for… は、**thank you everyone for…** の構文よりも若干くだけた表現。

Today I am 41 _(年齢) years young. I tried to forget my birthday was today. However, by having this party, you have reminded me I am getting old! But seriously, thank you for showing me getting old can be fun.

今日で私は 41 歳になりました。今日が私の誕生日であることを忘れようとしました。ところが、このパーティーがあったので、年をとることを思い出してしまいました！ でも、冗談はさておき、年をとるのが楽しいことにもなると教えてくださって、ありがとうございます。

> 語 句

remind 人 …「人に〜を思い起こさせる」

> ワンポイント

ユーモアに満ちた表現となっている。通常、年齢を述べるときは **I am** 年齢 **years old.** だが、この **old** を **young** で入れ換えている。**old** には「年齢」と「年老いた」とのふたつの意味があるので、「年老いた」の反対の **young**（若い）をかわりに使っているのだ。

And a special thanks to Andrew Johns _(名前) for throwing this party for me!

私のためにこのパーティーを開いてくれたアンドリュー・ジョーンズさんには特に感謝します。

語句

throw a party「パーティーを企画運営する」。**throw** はややくだけた表現。

ワンポイント

単数を表す不定冠詞 **a** の後に **thanks** が来ているのはおかしいと思われるかもしれない。これは慣用的な表現で、このような形で使われる。

パーティーのスピーチ ❸

友人の誕生日パーティー（祝う側）

Your friend's birthday party

友人の鈴木隆弘さんの 41 歳の誕生日を祝うため、乾杯の音頭をとります。

🔊 track 10

> I would like to propose a toast to celebrate Takahiro Suzuki's 41st birthday. I have known Takahiro since his 32nd birthday. I have to say Takahiro is like a fine wine. This doesn't mean he is red and smells like alcohol! It means, like a fine wine, he only gets better with age! So let's toast to Takahiro's 41st birthday and many more birthdays just like it in the future. Happy birthday.

［訳］
鈴木隆弘さんの 41 歳の誕生日をお祝いして乾杯したいと思います。私は、隆弘さんのことを 32 歳の誕生日から知っています。隆弘さんは高級なワインのようです。彼が赤くてアルコール臭いというわけではありません！ 高級なワインといっしょで、歳を重ねてさらによくなるばかりということです！ それでは、隆弘さんの 41 歳の誕生日と、同様な未来のたくさんの誕生日に乾杯しましょう。誕生日おめでとうございます。

解説

I would like to propose a toast to celebrate Takahiro Suzuki（名前）**'s 41st**（誕生日の回数）**birthday.**

鈴木隆弘さんの41歳の誕生日をお祝いして乾杯したいと思います。

語句

propose a toast to celebrate...「～を祝うために乾杯を提案する」が直訳。

言い換え表現

● 41st（誕生日の回数）の言い換え表現

first	「1回目」	eleventh	「11回目」	thirtieth	「30回目」
second	「2回目」	twelfth	「12回目」	fortieth	「40回目」
third	「3回目」	thirteenth	「13回目」	fiftieth	「50回目」
fourth	「4回目」	fourteenth	「14回目」	sixtieth	「60回目」
fifth	「5回目」	fifteenth	「15回目」	seventieth	「70回目」
sixth	「6回目」	sixteenth	「16回目」	eightieth	「80回目」
seventh	「7回目」	seventeenth	「17回目」	ninetieth	「90回目」
eighth	「8回目」	eighteenth	「18回目」		
ninth	「9回目」	nineteenth	「19回目」		
tenth	「10回目」	twentieth	「20回目」		

ワンポイント

「～回目の」と言う場合、21以上は数字の一桁目にだけ序数（21st (twenty-first), 22nd (twenty-second)...）を使う。

I have known Takahiro（名前）**since his 32nd**（誕生日の回数）**birthday.**

私は、隆弘さんのことを32歳の誕生日から知っています。

ワンポイント

have known と現在完了形にする。

I have to say Takahiro（名前）**is like a fine wine. This doesn't mean he is red and smells like alcohol! It means, like a fine wine, he only gets better with age!**

隆弘さんは高級なワインのようです。彼が赤くてアルコール臭いというわけではありません！ 高級なワインといっしょで、歳を重ねてさらによくなるばかりということです！

語句

fine「高級な」

ワンポイント

ユーモアにあふれた、しかも、とてもわかりやすいたとえが参考になる。This doesn't mean…. It means 〜（…というわけではなく、〜だ）は対で使われる。

So let's toast to Takahiro（名前）**'s 41st**（誕生日の回数）**birthday and many more birthdays just like it in the future. Happy birthday.**

それでは、隆弘さんの41歳の誕生日と、同様な未来のたくさんの誕生日に乾杯しましょう。誕生日おめでとうございます。

語句

toast to…「〜に乾杯する」。〜の部分は例文のように「誕生日」などが入る。

パーティーのスピーチ ❹

同僚の誕生日パーティー（祝う側）

Your colleague's birthday party

同僚の隆弘さんの41歳の誕生日を祝うため、乾杯の音頭をとります。

🔊 **track 11**

> I would like to propose a toast to celebrate our colleague's 41st birthday. Takahiro has been with the company for 15 years and has celebrated 15 birthdays with us. We hope this is his most enjoyable birthday yet. Let's toast to 15 good years with us, and many more joyous birthdays to come! Happy birthday.

[訳]
私たちの同僚の41歳の誕生日を祝して乾杯したいと思います。隆弘さんは当社に15年勤めており、私たちと15回の誕生日を祝ってきました。今回の誕生日がこれまでで一番楽しいものであることを願っています。15年間も私たちと共にやってこれたこと、そしてこれからも喜びにあふれた誕生日がやってくることを願って乾杯しましょう。誕生日おめでとうございます。

解説

I would like to propose a toast to celebrate our colleague's 41st (誕生日の回数) **birthday.**

私たちの同僚の 41 歳の誕生日を祝して乾杯したいと思います。

語句

propose a toast to celebrate…「〜を祝うために乾杯を提案する」が直訳 / **colleague**「同僚」

ワンポイント

「〜回目の」と言う場合、序数（**1st, 2nd…**）を使う（34 ページを参照）。

Takahiro (名前) **has been with the company for 15** (年数) **years and has celebrated 15** (回数) **birthdays with us.**

隆弘さんは当社に 15 年勤めており、私たちと 15 回の誕生日を祝ってきました。

語句

has been with…「〜に所属している」。必ず現在完了形になる。

We hope this is his most enjoyable birthday yet.

今回の誕生日がこれまでで一番楽しいものであることを願っています。

語句

yet「これまでで」

Let's toast to 15 (年数) **good years with us, and many more joyous birthdays to come! Happy birthday.**

15 年間も私たちと共にやってこれたこと、そしてこれからも喜びにあふれた誕生日がやってくることを願って乾杯しましょう。誕生日おめでとうございます。

語句

toast to…「〜に乾杯する」。〜の部分は例文のように「誕生日」などが入る / **joyous**「喜びにあふれた」/ **to come**「これから来る」

パーティーのスピーチ ❺

忘年会

End of year party

仕事納めの忘年会で、感謝の気持ちを伝えます。

🔊 track 12

> Good evening everybody. I would like to say a few words to wrap up the working year. Thank you all for your hard work this year. I believe, thanks to all of you, our company could achieve good results and productivity this year. I also thank you for your continued hard work next year so we can continue our success.

[訳]
みなさん、こんばんは。一年の仕事納めにひと言申し上げます。今年も、よく働いてくださり、ありがとうございました。みなさんのおかげで、今年、我が社はよい業績と生産性を達成することができたと思います。この成功を継続できるよう、来年も引き続きよろしくお願い申し上げます。

> 解説

Good evening （あいさつ） everybody.

みなさん、こんばんは。

> 言い換え表現

● Good evening（あいさつ）の言い換え表現
  Good morning「おはようございます」/ Good afternoon「こんにちは」/ もっとも汎用的なのは Hello. さらにくだけた表現なら Hi.

I would like to say a few words to wrap up the working year.

一年の仕事納めにひと言申し上げます。

> 語句

wrap up...「〜を終える」

> ワンポイント

日本語では「ひと言」と表現するが英語では a few words「数語」になる。

Thank you all for your hard work this year.

今年も、よく働いてくださり、ありがとうございました。

> 語句

hard work「勤労」

I believe, thanks to all of you, our company could achieve good results and productivity this year.

みなさんのおかげで、今年、我が社はよい業績と生産性を達成することができたと思います。

> 語句

achieve good results「よい業績を達成する」。
results は business performance とも言う / productivity「生産性」

I also thank you for your continued hard work next year so we can continue our success.

この成功を継続できるよう、来年も引き続きよろしくお願い申し上げます。

[語 句]

continued「継続した」

ワンポイント・クリニック ❺

Q&A のアイコンタクトでプロを目指せ！

Q&A に入って質問を受けたとき、質問してくれた人とばかりアイコンタクトをとっていては効果的ではありません。同じような疑問がほかの人の頭に浮かんでいたとしても、質問した人以外はなんとなく取り残された気分になります。質問者にはせいぜい 10 秒程度アイコンタクトを続けるにしても、それ以降はほかの人たちにアイコンタクトをするようにしてください。また、質問するくらいですから肝がすわってはいるのでしょうが、アイコンタクトをずっと受けていると質問者も恐縮してしまうことがあります。

パーティーのスピーチ ❻

新年度のパーティー

Beginning of the year party

新年度を迎え、感謝の気持ちを伝えます。

🔊 **track 13**

> Good evening everyone. I would like to say a few words to begin the working year. Firstly, thank you all for your hard work last year. I believe, thanks to all of you, our company could achieve good results and productivity. I also thank you for your continued hard work this year so we can continue our success.

[訳]
みなさん、こんばんは。新年度を迎えるにあたり、ひと言申し上げます。まず、昨年度はよく働いてくださり、ありがとうございました。みなさんのおかげで、我が社はよい業績と生産性を達成することができたと思います。この成功を継続できるよう、今年も引き続きよろしくお願い申し上げます。

> 解説

Good evening (あいさつ) everyone.
みなさん、こんばんは。

> 言い換え表現

● Good evening (あいさつ) の言い換え表現
Good morning「おはようございます」/ Good afternoon「こんにちは」/ もっとも汎用的なのは Hello. さらにくだけた表現なら Hi.

I would like to say a few words to begin the working year.
新年度を迎えるにあたり、ひと言申し上げます。

> ワンポイント

日本語では「ひと言」と表現するが英語では a few words「数語」になる。

Firstly, thank you all for your hard work last year.
まず、昨年度はよく働いてくださり、ありがとうございました。

> 語句

Firstly, …「まず」/ hard work「勤労」

I believe, thanks to all of you, our company could achieve good results and productivity.
みなさんのおかげで、我が社はよい業績と生産性を達成することができたと思います。

> 語句

achieve good results「よい業績を達成する」。
results は business performance とも言う / productivity「生産性」

I also thank you for your continued hard work this year so we can continue our success.

この成功を継続できるよう、今年も引き続きよろしくお願い申し上げます。

語句

continued「継続した」

ワンポイント・クリニック ❻

聴衆からもアイコンタクト

アイコンタクトは話をしている人だけがするものではありません。聴衆も同時にアイコンタクトをしなければ、意味がありません。質問ができない状態で、言っていることがわからなかったら、アイコンタクトでそのことを教えてあげる工夫も必要です。

パーティーのスピーチ ❼

新年会／大みそかのパーティー

New Year party / New Year's Eve party

新年がよい年となるよう、新年会でひと言スピーチをします。なお、カウントダウンをする前など、大みそかのパーティーでも使えます。

🔊 track 14

> Good evening everyone. I would like to say a few words to ring in the New Year. I hope this year has been a good one for each of you and you have enjoyed yourselves so far. I hope the New Year brings you happiness and success both at work and at home. Happy New Year everyone!

[訳]
みなさん、こんばんは。新年を迎えるにあたり、ひと言申し上げます。みなさんお一人おひとりにとって、これまでのところ今年がよい年であり、みなさんなりに楽しまれていることを願っています。新年が職場にもご家庭にも幸せと成功をもたらしますように。みなさん、新年明けましておめでとうございます！［みなさん、楽しい新年となりますように！（大みそかのパーティー）］

> 解説

Good evening everyone. I would like to say a few words to ring in the New Year.

みなさん、こんばんは。新年を迎えるにあたり、ひと言申し上げます。

> 語句

ring「合図をする」「鐘を鳴らす」。ここでは「新年を迎える」という意味に解釈できる。

I hope this year has been a good one for each of you and you have enjoyed yourselves so far.

みなさんお一人おひとりにとって、これまでのところ今年がよい年であり、みなさんなりに楽しまれていることを願っています。

> 語句

enjoy yourselves「みなさんなりに楽しむ」。自分を楽しむ、つまり、自分の方法で楽しむこと / **so far**「これまでのところ」。大みそかのパーティーの場合、この **so far** は不要。

I hope the New Year brings you happiness and success both at work and at home.

新年が職場にもご家庭にも幸せと成功をもたらしますように。

> 語句

bring 人 happiness and success「人に幸せと成功をもたらす」/
at work「職場で」

Happy New Year everyone!

みなさん、新年明けましておめでとうございます！ ［みなさん、楽しい新年となりますように！］

> ワンポイント

Happy New Year は年末から新年にかけて使える表現。

パーティーのスピーチ ❽

クリスマスパーティー

Christmas party

キリスト教徒ではないという設定で、クリスマスを祝います。

🔊 track 15

Although in Japan we do not celebrate Christmas in the same way as some of you are accustomed to, I want to say it is a special day that I very much enjoy. It is a time to value the successes in our lives both at work and at home. It is also a time to show appreciation to the people around us. I appreciate all you have given me this past year, and wish you all a very merry Christmas.

［訳］
日本では、クリスマスをみなさん方の何人かが慣れ親しんだようなやり方では祝いませんが、私にとってはとても楽しみな、特別な日です。仕事と家庭が順調であることに感謝するときなのです。また、周りの人々に感謝の気持ちを表すときでもあります。この一年お世話になり感謝申し上げます。みなさんにとって、とても楽しいクリスマスでありますように。

> **解説**

Although in Japan we do not celebrate Christmas in the same way as some of you are accustomed to, I want to say it is a special day that I very much enjoy.

日本では、クリスマスをみなさん方の何人かが慣れ親しんだようなやり方では祝いませんが、私にとってはとても楽しみな、特別な日です。

> **語句**

be accustomed to...「～に慣れている」

> **ワンポイント**

祝日は様々あり、名前やその理由は違うが、**holiday** を祝うことに変わりはない。**Happy holidays!**「祝日おめでとう」という表現は汎用的に使えるのでとても便利（特に、感謝祭から年末年始にかけて使われる）。

It is a time to value the successes in our lives both at work and at home.

仕事と家庭が順調であることに感謝するときなのです。

> **語句**

value「価値を見出す」「尊重する」/ at work「職場で」

It is also a time to show appreciation to the people around us.

また、周りの人々に感謝の気持ちを表すときでもあります。

> **語句**

show appreciation to...「～に感謝の意を表す」。動詞は **appreciate** で、次の文章に登場する。

I appreciate all you have given me this past year, and wish you all a very merry Christmas.

この一年お世話になり感謝申し上げます。みなさんにとって、とても楽しいクリスマスでありますように。

[語句]

all you have given me 直訳は「みなさんが私にくれたすべてのこと」／
this past year「昨年」

ワンポイント・クリニック ❼

背筋はまっすぐに！

スピーチをするときの姿勢は、背筋をまっすぐ、が基本です。見栄えだけではなく、腹式呼吸が楽にでき、声も通るようになります。片足に体重をかけて話をしている人をよく見かけますが、これではしっかり決めたいスピーチも台無しでしょう。

chapter 3
式のスピーチ

　式は、お祝いとお悔やみの場面に大別されます。お祝いに比べ、お悔やみのケースはめずらしいでしょうから、ある程度、スピーチを準備していくべきでしょう。

お祝いとお悔やみのキーワードです。

| celebrate | | condolences |

基本の組み立て

式のスピーチの構成は次の通りです。

お祝い／お悔やみ ＋ 説明 ＋ 希望

お祝い／お悔やみ

Congratulations on…
～について、おめでとうございます。

I would like to express my sincere condolences over…
～について、お悔やみ申し上げます。

説明

　状況に応じて、いろいろな表現が考えられます。サンプルスピーチをご覧ください。

希望

I wish you the best of luck in…
～に幸運がありますように。

お悔やみのケースでも、スピーチの最後に必ず今後への期待が述べられます。たとえば 56 ページの実例でも **His memory can live on.** と述べられています。

式のスピーチ ❶

入学式

School entrance

学校側を代表して入学のお祝いを述べます。

🔊 track 16

> I would like to welcome you all to this university. I am sure you all worked hard in high school to get into this university, so congratulations. This university is a wonderful school. Here you will learn many things connected to your major. You will also learn many life lessons through your experiences as a university student and make many lifelong friends with the people you meet here. Please enjoy and cherish your time here!

[訳]
みなさん、本学へようこそ。高校時代に一生懸命勉強したから本学に入学できたのだと思います。おめでとうございます。本学はすばらしい大学です。ここで、みなさんは専攻に関係したたくさんのことを学びます。また、大学生としての経験を通して人生の教訓を多く学ぶでしょうし、ここで出会うたくさんの人と生涯の友となるでしょう。ここでの時間を楽しみ、大切にしてください。

> 解説

I would like to welcome you all to this university（入学先の学校）.

みなさん、本学へようこそ。

> 語句

welcome「歓迎する」

> 言い換え表現

● university（入学先の学校）の言い換え表現
high school	「高校」
junior high school	「中学校」
elementary school	「小学校」
kindergarten	「幼稚園」
preschool	「保育園」
school	「学校」

I am sure you all worked hard in high school（直前に通っていた学校） to get into this university（入学先の学校）, so congratulations.

高校時代に一生懸命勉強したから本学に入学できたのだと思います。おめでとうございます。

> 語句

congratulations「おめでとう」。常に複数形になる点に注意。

> ワンポイント

high school（直前に通っていた学校）→ this university（入学先の学校）という順になるので、状況に応じて言い換えを選ぶ。

This university（入学先の学校） is a wonderful school.

本学はすばらしい大学です。

> 語句

wonderful「すばらしい」

> ワンポイント

英語圏では、自分で自分をほめることに慣れる必要がある。

Here you will learn many things connected to your major.

ここで、みなさんは専攻に関係したたくさんのことを学びます。

[語 句]

major「専攻」。動詞では **major in...**「〜を専攻する」/ **connected to...**「〜に関連した」

You will also learn many life lessons through your experiences as a university（入学先の学校）**student and make many lifelong friends with the people you meet here.**

また、大学生としての経験を通して人生の教訓を多く学ぶでしょうし、ここで出会うたくさんの人と生涯の友となるでしょう。

[語 句]

life lessons「人生の教訓」。ここでは教室で学ぶ **lesson** とかけている / **lifelong**「一生の」

Please enjoy and cherish your time here!

ここでの時間を楽しみ、大切にしてください。

[語 句]

cherish「大切にする」

式のスピーチ ❷

卒業式

Graduation

卒業式でお祝いの言葉を述べます。

🔊 track 17

> I would like to congratulate all of you on your graduation. I hope you have gained three valuable things from your time at this school. First, I hope you have gained knowledge that will be valuable for your future work or study. Secondly, I hope you have gained memories and experiences that have helped shape the person you are. Finally, I hope you have gained valuable friends who will stay with you forever. I wish you the best of luck in your new endeavors after graduation.

[訳]
みなさんのご卒業にあたり、お祝いを申し上げます。本学で過ごした時間から3つの貴重なことを得たと思います。ひとつめですが、将来の仕事や勉学に役立つ知識を得たことでしょう。ふたつめに、今のみなさんを形づくるのに寄与した思い出と経験を得たことでしょう。3つめに、貴重な一生の友を得られたことでしょう。最後に、卒業後のご活躍をお祈りいたします。

> **解説**

I would like to congratulate all of you on your graduation.

みなさんのご卒業にあたり、お祝いを申し上げます。

> 語句

congratulate 人 on ...「人に〜のことでお祝いを述べる」。おめでとうの理由は on で表す。ここでは「卒業」

I hope you have gained three valuable things from your time at this school.

本学で過ごした時間から3つの貴重なことを得たと思います。

> 語句

gain「得る」/ **valuable**「貴重な」

First, I hope you have gained knowledge that will be valuable for your future work or study.

ひとつめですが、将来の仕事や勉学に役立つ知識を得たことでしょう。

> 語句

future「さらに先の」「将来の」

> ワンポイント

First, ... Secondly, ... Finally, ... の流れに着目する。

Secondly, I hope you have gained memories and experiences that have helped shape the person you are.

ふたつめに、今のみなさんを形づくるのに寄与した思い出と経験を得たことでしょう。

> 語句

shape the person you are は、関係詞を省略せずに書くと **shape the person who you are**.「今のみなさんという人を形成する」と解釈できる。

> ワンポイント

help + 動詞「〜することに寄与する」のときには、動詞は原型。不定詞にはならない。

Finally, I hope you have gained valuable friends who will stay with you forever.

3つめに、貴重な一生の友を得られたことでしょう。

> 語 句

friends who will stay with you forever「生涯の友」

I wish you the best of luck in your new endeavors after graduation.

最後に、卒業後のご活躍をお祈りいたします。

> 語 句

wish you the best of luck「最高の幸運を祈る」/ **endeavors**「努力」

式のスピーチ ❸

お通夜／お葬式

Wake / funeral

同僚、友を亡くして、お通夜／お葬式にてひと言述べます。

🔊 track 18

> I would like to express my extreme sadness and condolences at the passing of Ben King. Ben was many things to different people. Ben was a loving family member. He was a good friend. He was a well-liked colleague. Ben will truly be missed by many people. It is my hope that he will also be fondly remembered through the good relationships he built with us. In that way, his memory can live on.

［訳］
ベン・キングを失い、深い悲しみとお悔やみを申し上げます。ベンは、いろいろな人といろいろな形で接してきました。ベンは家族を愛する人でした。よき友でもありました。好かれる同僚でもありました。ベンがいなくなって、多くの人が本当に寂しい思いをすることでしょう。彼が私たちと築いたよい関係のなかで、よい思い出として残ることを願っています。そのような形で彼の思い出は生き続けることができるのです。

> 解説

I would like to express my extreme sadness and condolences at the passing of <u>Ben King</u>（名前）.

ベン・キングを失い、深い悲しみとお悔やみを申し上げます。

> 語句

sadness「悲しみ」/ condolences「お悔やみ」/ passing of …「〜が亡くなったこと」。動詞は pass away.

<u>Ben</u>（名前）was many things to different people. <u>Ben</u>（名前）was a loving family member. He was a good friend.　He was a well-liked colleague.

ベンは、いろいろな人といろいろな形で接してきました。ベンは家族を愛する人でした。よき友でもありました。好かれる同僚でもありました。

> 語句

loving「愛する」/ family-member「家族の一員」/ well-liked「好かれる」/ colleague「同僚」

> ワンポイント

故人がいろいろな形で人と関わってきたことを表している。故人なので過去形 was が使われている点に注意。

<u>Ben</u>（名前）will truly be missed by many people.

ベンがいなくなって、多くの人が本当に寂しい思いをすることでしょう。

> 語句

truly「本当に」

> ワンポイント

be missed by…「〜によって寂しがられる」。日本語ではあまり聞き慣れない表現なので要注意。

It is my hope that he will also be fondly remembered through the good relationships he built with us.

彼が私たちと築いたよい関係のなかで、よい思い出として残ることを願っています。

> 語句

It is my hope that ...「～を願っている」/ build the good relationships「よい関係を築く」

> ワンポイント

be remembered は日本語にはない表現。

In that way, his memory can live on.

そのような形で彼の思い出は生き続けることができるのです。

> 語句

live on「生き続ける」

> ワンポイント・クリニック ❽

立ち位置は演壇、パソコンとの関係で決める

広い会場では演壇が用意されていることがあります。聴衆と自分を演壇ではさむように立つのが基本です。演壇にパソコンが用意されていて、それを自分で操作しなければならないこともあります。

式のスピーチ ❹

同僚、友人の結婚式（祝う側）

Wedding *(as a colleague / friend)*

友人の結婚式でお祝いを述べます。

🔊 track 19

> Congratulations on your marriage. Marriage is a wonderful occasion when two like-minded souls make a commitment to be together for life. I can see by looking at you both, that you have each found your soul mate and you will surely have a wonderful life together. I wish you all the happiness in your new life together. Congratulations.

［訳］
ご結婚おめでとうございます。結婚は、考え方の似たふたつの魂が一生を共にする誓いをたてる、すばらしいものです。いっしょにいるふたりを見ているとわかりますが、お互い魂の伴侶を探し当て、すばらしい人生を共に過ごすことでしょう。おふたりの新たな人生に幸せをお祈りします。おめでとうございます。

解説

Congratulations on your marriage.

ご結婚おめでとうございます。

語句

Congratulations on ...「〜おめでとう」。必ず複数形で使われる。

Marriage is a wonderful occasion when two like-minded souls make a commitment to be together for life.

結婚は、考え方の似たふたつの魂が一生を共にする誓いをたてる、すばらしいものです。

語句

like-minded の **like** は「似ている」という意味 / **make a commitment to do**「〜する誓いを立てる」。日本語で「コミットする」と言うが、英語では **commitment** が正しい / **for life**「一生を」「一生の間」

I can see by looking at you both, that you have each found your soul mate and you will surely have a wonderful life together.

いっしょにいるふたりを見ているとわかりますが、お互い魂の伴侶を探し当て、すばらしい人生を共に過ごすことでしょう。

語句

soul mate「魂の伴侶」

ワンポイント

mate は **room mate, class mate** などとしても使う。

I wish you all the happiness in your new life together. Congratulations.

おふたりの新たな人生に幸せをお祈りします。おめでとうございます。

式のスピーチ ❺

結婚式 （新郎、新婦として。祝われる側）

Wedding *(as the bride or groom)*

自分の結婚を祝ってもらったお礼をひと言述べます。

🔊 track 20

> Thank you all so much for helping celebrate this wonderful occasion with us. It makes me so happy to see so many of my family, friends and colleagues together for this event. I know many of you have traveled great distances to be here today, so I am especially thankful to you. Please continue to enjoy the wedding ceremony and reception and help us celebrate our wedding together.

[訳]
このすばらしい日を私たちといっしょに祝ってくださり、本当にありがとうございます。この日のためにこんなにたくさんの家族、友人、同僚が集まってくださっているのを見ると、とても幸せな気持ちになります。今日はたくさんの方が遠方からお越しくださり、特に感謝申し上げます。それでは引き続き結婚式と披露宴をお楽しみいただき、私たちの結婚をいっしょにお祝いください。

> 解説

Thank you all so much for helping celebrate this wonderful occasion with us.

このすばらしい日を私たちといっしょに祝ってくださり、本当にありがとうございます。

> 語句

help + 動詞で「〜することを助ける」/ occasion「機会」

It makes me so happy to see so many of my family, friends and colleagues together for this event.

この日のためにこんなにたくさんの家族、友人、同僚が集まってくださっているのを見ると、とても幸せな気持ちになります。

> 語句

colleagues「同僚」

> ワンポイント

文頭の It は to see so many ... をさしている。

I know many of you have traveled great distances to be here today, so I am especially thankful to you.

今日はたくさんの方が遠方からお越しくださり、特に感謝申し上げます。

> 語句

travel great distances to be here「遠方から来る」。great は「長い」と解釈できる / especially「特に」

Please continue to enjoy the wedding ceremony and reception and help us celebrate our wedding together.

それでは引き続き結婚式と披露宴をお楽しみいただき、私たちの結婚をいっしょにお祝いください。

> 語句

Please continue to *do*「引き続き〜してください」

chapter 4
歓迎のスピーチ

　出会いと別れが頻繁に訪れる文化もあります。生活上のモビリティー（移動性）が高いほどそれが強く言えるでしょう。日本と英語圏での決定的な違いは、英語圏では、自分から積極的に自分を紹介する場面が多いことです。ここでとりあげるのはスピーチという状況ですが、一対一の会話をしているときにも使えますので、ぜひご利用ください。

　歓迎のキーワードです。

| welcome | meet | get to know |

基本の組み立て

歓迎のスピーチの構成は次の通りです。

　　感謝 ＋ 期待 ＋ 依頼

感謝

Thank you for *doing*.
　〜に感謝申し上げます。

私たち日本人にはもっともなじみが深く、使いやすい表現です。

期待

I look forward to *doing*.
　〜するのを楽しみにしています。

日本語の「どうぞよろしくお願いします」にもっとも近い英語表現でしょう。

依頼

「何かわからないことがあったら質問させてください」と言うのが、素直な流れでしょう。

Please feel free to *doing*.
　どうぞ遠慮なく〜してください。

歓迎のスピーチ ❶

歓迎会 (歓迎される側、丁寧な表現)

Your welcome party *(formal)*

自分のために開かれた歓迎会でお礼を述べます。

🔊 **track 21**

Hello everyone. Thank you so much for this warm welcome. I have enjoyed the opportunity to meet some of you so far at the party. For those I haven't met yet, I look forward to meeting all of you and getting to know you better in the future. I am sure I will have many questions for you in the coming weeks, so please be patient with me as I settle in. Also, if you have any questions for me, please don't hesitate to ask!

[訳]
みなさん、こんにちは。このような心のこもった歓迎を本当にありがとうございます。このパーティーでこれまで何人かの方にお会いする機会を得られてとても楽しんでいます。まだの方は、これからお会いすることを、また今後もっとよく知り合えることを楽しみにしています。これから何週間かにわたって、みなさんにたくさん質問をさせてもらうと思います。落ち着くまでどうかお付き合いください。また、私に何かご質問があれば、どうぞ遠慮なくおたずねください。

> 解説

Hello everyone. Thank you so much for this warm welcome.
みなさん、こんにちは。このような心のこもった歓迎を本当にありがとうございます。

> 語句

Thank you so much for ...「～を本当にありがとうございます」／ **warm welcome**「温かい歓迎」つまり「心のこもった歓迎」

> ワンポイント

Thank you so much のかわりに **Thank you very much** でも意味は同じ。

I have enjoyed the opportunity to meet some of you so far at the party.
このパーティーでこれまで何人かの方にお会いする機会を得られてとても楽しんでいます。

> 語句

I have enjoyed the opportunity to *do*.「～する機会を楽しむ」／
so far「これまでは」

> ワンポイント

So far, so good.「これまでのところはよい」という表現もある。

For those I haven't met yet, I look forward to meeting all of you and getting to know you better in the future.
まだの方は、これからお会いすることを、また今後もっとよく知り合えることを楽しみにしています。

> 語句

I look forward to *doing*.「～するのを楽しみにしている」

> ワンポイント

get to know you better「よく知り合う」。相手のことを深く理解するという意味。

I am sure I will have many questions for you in the coming weeks, so please be patient with me as I settle in.

これから何週間かにわたって、みなさんにたくさん質問をさせてもらうと思います。落ち着くまでどうかお付き合いください。

[語 句]

I will have many questions for you.「たくさん質問をするでしょう」。for you は「みなさんに向けて」という意味 / **Please be patient with me.**「ご辛抱ください」「お付き合いください」

Also, if you have any questions for me, please don't hesitate to ask!

また、私に何かご質問があれば、どうぞ遠慮なくおたずねください。

[ワンポイント]

決まり文句なのでそのまま覚えてしまいたい表現。

歓迎のスピーチ ❷

歓迎会（歓迎される側、くだけた表現）

Your welcome party *(informal)*

自分のために開かれた歓迎会でお礼を述べます。

🔊 track 22

> Hi everyone. Thank you so much for this party. I haven't had a chance to meet everyone at the company yet, but I look forward to getting to know everyone better in the coming weeks. I am sure there will be many things I am unsure of in the coming weeks, so please excuse me if I ask you questions as I get used to my new position. Also, please feel free to ask me anything.

[訳]
みなさん、こんにちは。このようなパーティーを開いてくれて本当にありがとう。まだ会社の人全員とは会う機会を持ててないですが、何週間かけてよく知り合えるのを楽しみにしています。いろいろわからないことがあると思いますし、新しいポジションに慣れるまで質問があるかもしれませんので、よろしくお願いします。私にも何でも聞いてください。

> 解説

Hi（あいさつ）everyone.
みなさん、こんにちは。

> 言い換え表現

● Hi（あいさつ）の言い換え表現
Good morning「おはようございます」/ Good evening「こんばんは」

> ワンポイント

もっとも汎用的なあいさつ表現。

Thank you so much for this party.
このようなパーティーを開いてくれて本当にありがとう。

> ワンポイント

so much = very much

I haven't had a chance to meet everyone at the company yet, but I look forward to getting to know everyone better in the coming weeks.
まだ会社の人全員とは会う機会を持ててないですが、何週間かかけてよく知り合えるのを楽しみにしています。

> 語句

have a chance to *do*「〜する機会を持つ」/ **look forward to** *doing*「〜するのを楽しみにする」/ **in the coming weeks** 直訳すると「これから来る週で」という意味。

I am sure there will be many things I am unsure of in the coming weeks, so please excuse me if I ask you questions as I get used to my new position.
いろいろわからないことがあると思いますし、新しいポジションに慣れるまで質問があるかもしれませんので、よろしくお願いします。

[語句]

excuse me「お許しください」/ **get used to ...**「〜に慣れる」。**to** 以下は名詞をともなう。

[ワンポイント]

be sure of ... の反対表現の **be unsure of ...** が使われている。

Also, please feel free to ask me anything.

私にも何でも聞いてください。

[語句]

feel free to *do*「遠慮なく〜する」

[ワンポイント・クリニック ⑨]

躍動的か、サルか

私の癖は、ついつい会場を歩き回ってしまうこと。以前、大学院の授業で「まるでサルのようだ」と先生から注意を受けたことがあります。自分では会場に躍動感をもたらそうとしているつもりでも、聴衆は落ち着かない気分になってしまいます。歩きたくなるという方は、①ゆっくり歩く、②歩くなら壇上を左右に行き来する、③聴衆の間を歩くかどうかは会場と相談、と頭に入れておいてください。

歓迎のスピーチ ❸

歓迎会 （歓迎する側、丁寧な表現）

Colleague's welcome party *(formal)*

入社後、チームの新メンバーになった安藤隆志さんを歓迎します。

🔊 **track 23**

Hello everyone. I would like to take a moment to officially welcome a new member of our team, Takashi Ando. We are pleased to have Takashi join our company. I am sure his experience and expertise will prove to be a great asset to our company. I ask all of you to help ensure Takashi has a smooth transition into his new job and please answer any questions he might have.

［訳］
みなさん、こんにちは。少しお時間をいただき、我らの新しいチームメンバーである安藤隆志さんを正式に歓迎したいと思います。隆志さんが我が社に入社されてうれしく思います。彼の経験と専門知識は、我が社にとって大きな財産となるでしょう。隆志さんが新しい職場へ円滑に移行できるよう、みなさんの支援をお願いするとともに、質問を受けたら答えてくださるようお願いします。

> 解説

Hello everyone. I would like to take a moment to officially welcome a new member of our team, Takashi Ando（名前）.

みなさん、こんにちは。少しお時間をいただき、我らの新しいチームメンバーである安藤隆志さんを正式に歓迎したいと思います。

> 語句

moment「しばらくの間」。「一瞬」という意味もある / officially「正式に」

We are pleased to have Takashi（名前） join our company.

隆志さんが我が社に入社されてうれしく思います。

> 語句

join「入社する」

> ワンポイント

have は幅広い意味で使われる。ここでは have ＋ 人 ＋ 動詞で、「人が～して」という意味になる。

I am sure his experience and expertise will prove to be a great asset to our company.

彼の経験と専門知識は、我が社にとって大きな財産となるでしょう。

> 語句

expertise「専門知識」 / asset「財産」。「～にとっての財産」と言う場合、前置詞は to.

I ask all of you to help ensure Takashi（名前） has a smooth transition into his new job and please answer any questions he might have.

隆志さんが新しい職場へ円滑に移行できるよう、みなさんの支援をお願いするとともに、質問を受けたら答えてくださるようお願いします。

| 語句 |

ensure「〜を確実にする」/ have a smooth transition into …「〜への円滑な移行をする」

ワンポイント・クリニック ⑩

ジェスチャーは最小限が基本

ジェスチャーはたとえなくても、言いたいことは十分伝わります。慣れないジェスチャーをやろうとすると、おかしく見えたり、ジェスチャーばかりに一生懸命になったりして、言いたいことが伝わらなくなることさえあります。

歓迎のスピーチ ❹

歓迎会（歓迎する側、くだけた表現）

Colleague's welcome party *(informal)*

🔊 **track 24**

Hi everyone. I would like to welcome a new member of our team, Takashi Ando. Takashi has come to us from our Tokyo branch, where he has been working in marketing. We hope he can bring his knowledge and experience in marketing to this department. Please help Takashi settle in to his new position and answer any questions he might have.

[訳]
みなさん、こんにちは。私たちのチームの新しいメンバーになる安藤隆志さんを歓迎したいと思います。隆志さんは東京支社から来ました。マーケティング部門で働いていました。マーケティングに関する知識と経験をこの部署にもたらしてくれることを期待しています。新しいポジションに慣れる手助けをして、どんな質問にも答えてあげてください。

> 解説

Hi everyone. I would like to welcome a new member of our team, Takashi Ando（名前）**.**

みなさん、こんにちは。私たちのチームの新しいメンバーになる安藤隆志さんを歓迎したいと思います。

> 語句

welcome「歓迎する」

Takashi（名前）**has come to us from our Tokyo branch**（前任地）**, where he has been working in marketing**（部署名・分野）**.**

隆志さんは、東京支社から来ました。マーケティング部門で働いていました。

> 言い換え表現

- **our Tokyo branch（前任地）の言い換え表現**
  our headquarters「本社」。複数形を用いる / **our factory**「工場」/ **our** 場所名 **office**「〜事務所」
- **marketing（部署名・分野）の言い換え表現**
  accounting　　　　「経　理」
  general affairs　　「総　務」
  sales　　　　　　　「営　業」
  overseas sales　　「海外営業」
  President's Office　「社長室」

> ワンポイント

come to us はここでは異動してくることをさす。

We hope he can bring his knowledge and experience in marketing（部署名）**to this department.**

マーケティングに関する知識と経験をこの部署にもたらしてくれることを期待しています。

> ワンポイント

bring ＋ 事 ＋ **in** 分野 ＋ **to** 場所 の構文で、「分野における事を場所にもたらす」

Please help Takashi（名前）**settle in to his new position and answer any questions he might have.**

新しいポジションに慣れる手助けをして、どんな質問にも答えてあげてください。

語句

settle in to ...「〜に慣れる」

ワンポイント・クリニック ⓫

ジェスチャーは話の内容に合わせる

ジェスチャーは、うまく使えば効果的なのは言うまでもありません。「うまく」使うためのひとつのポイントは、話の内容に合わせ、強調したいときにジェスチャーを使うこと。たとえば「経済が好調で上り調子になってきました」と話しながら、腕を伸ばして左から右へと上昇させながら動かせば効果倍増となります。

chapter 5
お別れのスピーチ

別れは寂しいものですが、文化によってはさばさばした雰囲気さえ感じられます。たとえばアメリカの卒業式には **graduation** ではなく、これから何かがはじまるという意味の **commencement** を使います。先生や同級生との別れを惜しむのではなく、これからのことで頭の中がいっぱいの人たちばかりなのです。

お別れのキーワードです。

miss

基本の組み立て

お別れのスピーチは、次の3つの構成をとります。

感 謝 ＋ 寂しくなる ＋ 今 後

感 謝

次のふたつの目的があります。
- 集まってくれたことへの感謝

    Thank you for coming here tonight.
    今夜は、お集りいただきありがとうございます。

- これまでの支援への感謝

    Thank you for everything you have done for me.
    今までお世話いただいたすべてのことに感謝いたします。

寂しくなる

英語にするのがむずかしい表現です。日本語では「あなたがいなくなって寂しくなる」という言い方をしますが、英語では、「あなたが寂しがられる」や「あなたを寂しく思う」と表現します。

次のように表現します。

You will be missed.
あなたは寂しがられるでしょう。

I will miss you.
あなたを寂しく思うでしょう。

今後

また会う予定が決まっているとき以外には、次のようにいっておきましょう。

I hope to see you again.
またお会いできることを願っています。

chapter 5 お別れのスピーチ Farewell party

ワンポイント・クリニック ⑫

タブーのジェスチャーに気をつける

日本では親指と人差し指で丸を作ると「お金」または「大丈夫」の意味になります。これが万国共通とは限りません。ある国では卑猥な意味にとられることもあります。また、ズボンのポケットに手を入れながら話すことを「リラックスした状態」と解釈する国もあれば、「何を無礼な」と感じる国もあります。いずれにしても、ジェスチャーは最小限にとどめることが基本でしょう。

お別れのスピーチ ❶

送別会（送別される側、丁寧な表現）

Your farewell party *(formal)*

自分のために開かれた送別会で感謝の言葉を述べます。退職、転職などのケースに使えるスピーチです。

🔊 track 25

> Good evening everyone. Firstly, thank you all for holding this wonderful party in my honor. It has been a pleasure getting to know all of you over my time here. I have experienced a lot during this time. I will take many fond memories of my colleagues and my workplace with me. I sincerely hope to see many of you again in the future.

［訳］
みなさん、こんばんは。まず、私のためにこのようなすばらしいパーティーを開いていただき、みなさんに感謝申し上げます。ここにいる間、みなさんのことを知ることができて光栄でした。その間、いろいろなことを経験することができました。同僚や職場のたくさんの素敵な思い出ができました。いつかまた多くのみなさんにお会いできることを心から願っています。

> 解説

Good evening（あいさつ）everyone.
みなさん、こんばんは。

> 言い換え表現

● **Good evening（あいさつ）の言い換え表現**
Good morning「おはようございます」/ **Good afternoon**「こんにちは」/ もっとも汎用的なのは **Hello.** さらにくだけた表現なら **Hi.**

> ワンポイント

「こんばんは」と **Good night.**「おやすみなさい」を混同しないように。5 時以降には **Good evening.** が使われる。

Firstly, thank you all for holding this wonderful party in my honor.
まず、私のためにこのようなすばらしいパーティーを開いていただき、みなさんに感謝申し上げます。

> 語句

Firstly, ...「まず、…」/ **thank you all for ...**「〜を、みなさんありがとうございます」/ **hold this party**「パーティーを開く」/ **in my honor**「私のために」

> ワンポイント

ここでは、**Firstly, ...** の後に **Secondly, ... Thirdly, ...** と続くわけではない / **you** の後に **all** と入れることで、強調のニュアンスがでる。

It has been a pleasure getting to know all of you over my time here.
ここにいる間、みなさんのことを知ることができて光栄でした。

> 語句

It has been a pleasure ...「…で光栄でした」/ **get to know you**「あなたを知る」

chapter 5
お別れのスピーチ
Farewell party

I have experienced a lot during this time.
その間、いろいろなことを経験することができました。

語句

experience a lot「たくさんのことを経験する」

I will take many fond memories of <u>my colleagues and my workplace</u>（思い出の内容） with me.
同僚や職場のたくさんの素敵な思い出ができました。

語句

take many fond memories of ... with me「…のたくさんの素敵な思い出ができる」

言い換え表現

● my colleagues and my workplace（思い出の内容）の言い換え表現
　friends and school「友達や学校」/ neighbors and neighborhood「近所の人々と近所」

I sincerely hope to see many of you again in the future.
いつかまた多くのみなさんにお会いできることを心から願っています。

語句

I sincerely hope to *do*「〜できるのを心から願っている」。

お別れのスピーチ ❷

送別会 (送別される側、くだけた表現)

Your farewell party *(Informal)*

自分のために開かれた送別会の参加者に向けて、感謝の言葉を述べます。

🔊 track 26

> Hello everyone. First of all, thank you so much for this wonderful party and for coming here tonight. I have had a great time getting to know you all and have experienced a lot during my time here. I will take a lot of fond memories of this place and of you all with me. Please don't forget me, and I hope our paths will cross again in the future.

[訳]
みなさん、こんにちは。まず、こんな素敵なパーティーをしてくれて、そして今夜集まってくれて本当にありがとう。ここにいる間、みんなと知り合えて楽しかったし、たくさんのことを経験しました。この場所とみんなのたくさんのよい思い出をいっしょに持っていきます。私のことを忘れないでください。いつかまたどこかで会えますように。

> 解説

Hello（あいさつ） everyone.
みなさん、こんにちは。

> 言い換え表現

● Hello（あいさつ）の言い換え表現
　Good morning「おはようございます」/ Good afternoon「こんにちは」/ さらにくだけた表現なら Hi.

First of all, thank you so much for this wonderful party and for coming here tonight（時間）.
まず、こんな素敵なパーティーをしてくれて、そして今夜集まってくれて本当にありがとう。

> 言い換え表現

● tonight（時間）の言い換え表現
　this morning「今朝」/ this afternoon「午後」/ tonight のかわりに this evening でもよい

> ワンポイント

First of all, …「まず〜」。後に Second, … と続いたり、今回のように続かなかったりもする。

I have had a great time getting to know you all and have experienced a lot during my time here.
ここにいる間、みんなと知り合えて楽しかったし、たくさんのことを経験しました。

> 語句

get to know …「〜のことを知る」/ a lot「たくさん」

I will take a lot of fond memories of this place and of you all with me.
この場所とみんなのたくさんのよい思い出をいっしょに持っていきます。

> 語句

take ... with me「〜をいっしょに持っていく」/ **fond**「楽しい」「よい」

Please don't forget me, and I hope our paths will cross again in the future.

私のことを忘れないでください。いつかまたどこかで会えますように。

> 語句

our paths will cross again は直訳すると「私たちの道がふたたび交わる」となる / **in the future**「将来」

> ワンポイント

書き言葉では、**Forget me not.** という言い方をすることもある。

お別れのスピーチ ❸

送別会（送別する側、丁寧な表現）

Your colleague's farewell party *(formal)*

送別会で、退職する同僚の安藤隆志さんへのお別れの言葉を述べます。

🔊 **track 27**

> Good evening everyone. If you don't mind, I would just like to say a few words about Takashi Ando. Takashi has been with the company for many years. Not only has he shown dedication to his work, but he has also shown himself to be a friendly and well-liked colleague. For these reasons he will be sorely missed at the company. I wish him all the best as he enters this exciting new phase of his life. Thank you, Takashi Ando.

[訳]
みなさん、こんばんは。もしよろしければ、安藤隆志さんについてひと言申し上げたいと思います。隆志さんは長年にわたって我が社で勤務してきました。仕事に対して献身的であるだけではなく、とてもフレンドリーで人好きのする同僚でした。その点、我が社にとっては大変惜しい人材となるでしょう。人生の新たな門出を迎えるにあたり、万事うまくいくことをお祈りします。安藤隆志さん、ありがとうございました。

解説

Good evening everyone. If you don't mind, I would just like to say a few words about Takashi Ando (名前).

みなさん、こんばんは。もしよろしければ、安藤隆志さんについてひと言申し上げたいと思います。

語句

mind「〜をいやだと思う」 / don't mind なので「もしよろしければ」と解釈できる。

Takashi (名前) has been with the company for many years.

隆志さんは長年にわたって我が社で勤務してきました。

語句

has been with ...「〜に勤務する」「〜に所属する」 / for many years「長い間」

ワンポイント

ここでファーストネームを使うかラストネームを使うかは本人とどの程度親しいかによって決まる。普段どちらで呼んでいるかで言い分ける。

Not only has he shown dedication to his work, but he has also shown himself to be a friendly and well-liked colleague.

仕事に対して献身的であるだけではなく、とてもフレンドリーで人好きのする同僚でした。

語句

dedication「献身」

ワンポイント

スピーチにスペルは関係ないものの、colleague のスペルには注意。college（大学）と混同しないように。

For these reasons he will be sorely missed at the company.

その点、我が社にとっては大変惜しい人材となるでしょう。

[語句]

for these reasons「以上の理由から」/ sorely「ひどく」

I wish him all the best as he enters this exciting new phase of his life. Thank you, Takashi Ando（名前）.

人生の新たな門出を迎えるにあたり、万事うまくいくことをお祈りします。安藤隆志さん、ありがとうございました。

[語句]

phase「局面」。ここでは人生の新たな局面のこと。

[ワンポイント]

名前を呼ぶときには本人とアイコンタクトをとること。

ワンポイント・クリニック ⑬

ジェスチャー癖をなおす

話すときに手をぐるぐる回したり、腕を動かしたりといった目ざわりな癖がついてしまっている人がいます。癖を見つける一番の方法は、家族や友達に話してみせ、指摘してもらうこと。鏡に向かって練習しても見つけることができます。いざ本番になり、癖がでてきてしまったらそのときはそのとき。仕方ないので諦めましょう。内容重視で話に専念してください。

お別れのスピーチ ❹

送別会（送別する側、くだけた表現）

Your colleague's farewell party *(Informal)*

送別会で、勤勉だったアンディーへのお別れの言葉を述べます。

🔊 track 28

> Hello everyone. As you know we are all here to say goodbye to our friend Andy. To many of us, Andy has been both a good friend, and a helpful and hard-working colleague. We wish him the best of luck in his new life, which I am sure will be full of new and exciting experiences. Andy… we will miss you, and wish you all the best!

[訳]
みなさん、こんにちは。ご存じの通り、私たちの友達アンディーにお別れを言うために集まっています。私たちの多くにとって、アンディーはいい友達で、困ったときに手を貸してくれる、働きものの同僚でした。新たな生活は新しい刺激的な経験で満ちあふれていることでしょうが、最高の幸運を祈っています。アンディー … 寂しくなるけど、がんばって！

> **解説**

Hello everyone. As you know we are all here to say goodbye to our friend Andy (名前)**.**

みなさん、こんにちは。ご存じの通り、私たちの友達アンディーにお別れを言うために集まっています。

> 語句

As you know, …「ご存じの通り、〜」

> ワンポイント

同僚に対しても **friend** は使われる。名前を呼ぶことで親近感がでる。必ず相手とアイコンタクトをとること。

To many of us, Andy has been both a good friend, and a helpful and hard-working colleague.

私たちの多くにとって、アンディーはいい友達で、困ったときに手を貸してくれる、働きものの同僚でした。

> 語句

hard-working「勤勉な」

> ワンポイント

類義語の **workaholic** には「仕事中毒」のような否定的な意味がある。

We wish him the best of luck in his new life, which I am sure will be full of new and exciting experiences.

新たな生活は新しい刺激的な経験で満ちあふれていることでしょうが、最高の幸運を祈っています。

> ワンポイント

, which I am sure will be … は関係代名詞節 **which will be** に **I am sure** が挿入されている。

Andy… we will miss you, and wish you all the best!

アンディー … 寂しくなるけど、がんばって！

> ワンポイント

You will be missed. とも表現される。**miss** は日本語に訳しにくい（76ページを参照）。

> ワンポイント・クリニック ⓮
>
> ## ジェスチャーを観察
>
> 聴衆の立場で話を聞いているときは、どのようなジェスチャーが効果的か、日本にもあるジェスチャーかどうか、などを観察してみましょう。個人的な体験としては、英語圏で「引用」（ダブル・クオテーション）を表すジェスチャーをはじめて目にしたときには感動してしまいました。もちろん、内容理解のさまたげにならない程度にお願いします。

お別れのスピーチ ❺

送別会（送別される側。退職）

Your farewell party *(retirement)*

40年間の勤務後、退職するという設定です。1969年の入社以来のよい思い出に感謝します。

🔊 **track 29**

Hello everyone. Firstly, thank you so much for 40 wonderful years at this company. In 1969, I started working at this company as a sales representative and have worked in many other positions over the years. I have made many friends and have made a lot of memories that I will take with me into retirement. Thank you so much.

［訳］
みなさん、こんにちは。まず、当社でのすばらしい40年間に感謝申し上げます。1969年に営業担当として働きはじめ、その後何十年にわたり、さまざまなポジションを経験しました。多くの友、思い出ができましたが、退職と共に持っていきます。本当にありがとうございました。

解説

Hello everyone. Firstly, thank you so much for 40（年数）**wonderful years at this company.**

みなさん、こんにちは。まず、当社でのすばらしい 40 年間に感謝申し上げます。

語句

Firstly, ...「まず〜」

ワンポイント

40 wonderful years の語順は特徴的／「当社での」と言う場合の前置詞は **at** を使う。

In 1969, I started working at this company as a sales representative（肩書き）**and have worked in many other positions over the years.**

1969 年に営業担当として働きはじめ、その後何十年にわたり、さまざまなポジションを経験しました。

語句

sales representative「営業担当」

言い換え表現

● Sales representative（肩書き）の言い換え表現

CEO (Chief Executive Officer)	「最高執行責任者」
CFO (Chief Financial Officer)	「最高財務責任者」
CIO (Chief Information Officer)	「最高情報責任者」
CIO (Chief Investment Officer)	「最高投資責任者」
President	「社長」
Vice-President	「副社長」
Senior Managing Director	「専務」
Managing Director	「常務」
Director	「統括本部長」
Branch Director	「支店長」
Branch Manager	「店長」
Manager	「部長」
Deputy Manager	「部長代理」

Manager	「室長」
Section Chief	「課長」
Sub-section Chief	「係長」
Sales Representative	「営業担当」
Line of Business	「管理職」
Secretary	「秘書」
Assistant	「アシスタント」
Assistant to ...	「〜のアシスタント」

> ワンポイント

over the years は「何年にもわたって」と、長い期間を表すニュアンスがある。

I have made many friends and have made a lot of memories that I will take with me into retirement. Thank you so much.
多くの友、思い出ができましたが、退職と共に持っていきます。本当にありがとうございました。

> 語句

make a lot of memories「たくさんの思い出を作る」/ **take ... with me into retirement**「〜を退職と共にもっていく」

お別れのスピーチ ❻

送別会 （送別される側。転勤）

Your farewell party *(transfer)*

4年間の勤務後、転勤となるという設定です。これまでの支援に感謝するとともに今後への期待を述べます。

🔊 track 30

> Hello everyone. I have been working in the New York branch for the past 4 years, and, as you all know, I am being transferred to the Los Angeles branch next week. I would like to thank you all for your assistance during my time in New York. I have really enjoyed my time here and my experiences have helped me grow professionally. I hope to see some of you in Los Angeles sometime in the future!

[訳]
みなさん、こんにちは。この4年間ニューヨーク支店に勤務してまいりましたが、みなさんもご存じの通り、来週ロサンゼルス支店に転勤となります。ニューヨーク支店勤務の間、みなさんに助けていただき、感謝申し上げます。ここにいる間、とても楽しむことができましたし、ここで培った経験によってプロとして成長することができました。何人かの方にはロサンゼルスでいつの日かお会いできると期待しています！

> 解説

Hello everyone. I have been working in the New York branch (勤務地) **for the past 4** (年数) **years, and, as you all know, I am being transferred to the Los Angeles branch** (転勤先) **next week** (転勤の時期)**.**

みなさん、こんにちは。この4年間ニューヨーク支店に勤務してまいりましたが、みなさんもご存じの通り、来週ロサンゼルス支店に転勤となります。

> 語句

transfer「異動させる」

> 言い換え表現

● **New York branch**（勤務地）の言い換え表現
　headquarters「本社」/ **office**「事務所」/ **factory**「工場」
● **next week**（転勤の時期）の言い換え表現
　next month「来月」

> ワンポイント

transfer を「転勤する」という意味で使う場合には、上のように受動態になる。**am being** と現在進行形になっているのは、まだ異動が完了していないため。

I would like to thank you all for your assistance during my time in New York (勤務地)**.**

ニューヨーク支店勤務の間、みなさんに助けていただき、感謝申し上げます。

> ワンポイント

thank you all「みなさん」。強調の **all** の位置に注意。

I have really enjoyed my time here and my experiences have helped me grow professionally.

ここにいる間、とても楽しむことができましたし、ここで培った経験によってプロとして成長することができました。

> ワンポイント

enjoy *one's* time「自分の時間を楽しむ」だが、ニュアンスとして仕事のことも含まれている。類似表現に **enjoy myself** があるが、その場合には「自分なりに楽しむ」という意味。

I hope to see some of you in Los Angeles（転勤先） sometime in the future!

何人かの方にはロサンゼルスでいつの日かお会いできると期待しています！

> ワンポイント

sometime「いつの日か」は複数形にはならない。

ワンポイント・クリニック ⑮

ほほえみは最高の武器

ほほえんでいる写真と無表情の写真を見比べると一目瞭然です。ほほえんだときには無表情のときと比べて、誰でも数倍は美しく、親しみやすく見えるもの。スピーチの内容にもよりますが、無表情の人の話に積極的に耳を傾けたり、感情移入したりしようとする人などいるでしょうか。ほほえむのが無理という方でも、鏡を見て少しは練習してください。

chapter 5
お別れのスピーチ Farewell party

chapter 6
シンポジウムの司会

　シンポジウムのスピーチとしてご紹介するのは、シンポジウムの参加者ではなく、シンポジウムの目的や進行手順、参加者を紹介する司会者としてのスピーチです。

　与えられた時間の長さにもよるでしょうが、基本的に次の3つに流れを大別できます。司会者の自己紹介を含めたはじめの言葉、シンポジウム参加者の紹介、終わりの言葉です。シンポジウムの最中にも話す機会はあるのですが、内容や進行状況によってさしはさむべきスピーチは変わってくるのでサンプルにはとりあげていません。

　司会者は脇役ですから、自分があまり目立ってもいけません。まず、シンポジウムの開始に先立って自己紹介を簡単にしましょう。その後、シンポジウムの目的、進行手順を説明し、会の成功を願いましょう。シンポジウム参加者の紹介は、名前と所属ではじめ、略歴を説明します。終わりの言葉は、あまり長くなってもいけませんが、シンポジウムの締めくくりにふさわしい、しっかりとしたまとめをしたいものです。

シンポジウムの司会 ❶

シンポジウムの司会：はじめの言葉

Symposium MC : Start

シンポジウムの司会者として自己紹介をし、シンポジウムの目的、講演者の紹介をします。

🔊 **track 31**

> Hello everyone. My name is Keiko Honma and I will be the MC for this symposium. The purpose of this symposium is to share ideas with each other and discuss new trends and directions in our areas. We have a number of interesting guest speakers including Takashi Hayashi from Hayashi Electronics, who will talk to us about new trends in marketing. Please enjoy the symposium and I hope you find it useful.

[訳]
みなさん、こんにちは。私は本間啓子と申します。本シンポジウムの司会を務めさせていただきます。このシンポジウムの目的は、共にアイディアを出し合いながら、私たちが関わる分野の新しい動向や方向性について話し合うことにあります。たくさんの興味深いゲストの方々をお招きしておりますが、林エレクトロニクス社の林たかし氏には、マーケティング分野の最新動向についてお話いただきます。それでは、どうぞシンポジウムをお楽しみください。本シンポジウムが有益なものになることを願っております。

> 解説

Hello (あいさつ) everyone.

みなさん、こんにちは。

> 言い換え表現

● Hello (あいさつ) の言い換え表現

Good morning「おはようございます」/ Good afternoon「こんにちは」/ Good evening「こんばんは」/ もっとも汎用的なのは Hello. さらにくだけた表現なら Hi.

My name is Keiko Honma (名前), and I will be the MC for this symposium (司会をするイベント).

私は本間啓子と申します。本シンポジウムの司会を務めさせていただきます。

> 語句

symposium「シンポジウム」

> 言い換え表現

● symposium (司会をするイベント) の言い換え表現

wedding	「ウエディング」
event	「イベント」
workshop	「ワークショップ」
party	「パーティー」
conference	「カンファレンス」

> ワンポイント

MC は Master of Ceremony の略語 (アクロニム)。

The purpose of this symposium is to share ideas with each other and discuss new trends and directions in our areas.

このシンポジウムの目的は、共にアイディアを出し合いながら、私たちが関わる分野の新しい動向や方向性について話し合うことにあります。

> 語句

the purpose of ... 「～の目的」 / share ideas with ... 「～とアイディアを共有する」 / directions in ... 「～における方向性」

We have a number of interesting guest speakers including Takashi Hayashi（名前） from Hayashi Electronics（会社名）, who will talk to us about new trends in marketing（分野）.

たくさんの興味深いゲストの方々をお招きしておりますが、林エレクトロニクス社の林たかし氏には、マーケティング分野の最新動向についてお話いただきます。

> 語句

a number of ... 「たくさんの」 / 「人 from 会社名」で「～社の…」

> 言い換え表現

● marketing（分野）の言い換え表現

accounting	「会計」
business	「ビジネス」
education	「教育」
finance	「金融」
human resource management	「人材管理」
information technology	「IT」
manufacturing	「製造」
medicine	「医療」
tourism	「観光」

> ワンポイント

a number of ...「たくさんの～」と the number of ...「～の数」を混同しないように。

Please enjoy the symposium and I hope you find it useful.

それでは、どうぞシンポジウムをお楽しみください。本シンポジウムが有益なものになることを願っております。

[語句]

find ... useful 「〜を役立つものと知る」

[ワンポイント]

find it useful の it はシンポジウムをさす。

シンポジウムの司会 ❷

シンポジウムの司会：講演者の紹介

Symposium MC : Introduction of speaker

シンポジウムの講演者を紹介します。

🔊 **track 32**

> I would now like to introduce you to the next speaker of the symposium, Junya Fujita. Mr. Fujita is a professor in the Business department of Gaigo University. In addition to this, he has many years of experience working with multinational corporations. Today he will be giving a talk called "trends in modern financial management." Please welcome Professor Fujita!

［訳］
それでは、シンポジウムの次の講演者である、藤田純也先生をご紹介いたします。藤田先生は外語大学の経営学部教授でいらっしゃいます。大学で教鞭をとられるほか、多国籍企業での長年にわたる職務経験もお持ちです。今日は、「現代財務管理の動向」と題して講演していただきます。それでは、藤田先生をお迎えしましょう！

> 解説

I would now like to introduce you to the next speaker of the symposium, Junya Fujita(名前)**.**

それでは、シンポジウムの次の講演者である、藤田純也先生をご紹介いたします。

> 語 句

introduce you to ...「あなたを～に紹介する」だが、ここでは聴衆に話しているので「藤田先生をご紹介する」と解釈できる。

Mr. Fujita(名前) **is a professor**(肩書き) **in the Business**(学部名) **department of Gaigo University**(所属)**.**

藤田先生は外語大学の経営学部教授でいらっしゃいます。

> 語 句

Business「経営学」。**Management** とも呼ばれる。

> 言い換え表現

● **Business（学部名）の言い換え表現**
　→ 13, 14 ページを参照
● **professor（肩書き）の言い換え表現**
　　lecturer　　　　　　「講師」
　　administrator　　　　「事務職員」
　　associate professor　「准教授」
　　dean　　　　　　　　「学部長」
　　department chair　　「学科長」

> ワンポイント

in と **of** の使い分けに注意。

In addition to this, he has many years of experience working with multinational corporations(勤務先)**.**

大学で教鞭をとられるほか、多国籍企業での長年にわたる職務経験もお持ちです。

語句

in addition to ...「〜に加え」/ work with ...「〜で働く」。前置詞は for をとることもある / multinational「多国籍の」

言い換え表現

● multinational corporations（勤務先）の言い換え表現

private companies	「民間企業」
the government	「政府」
financial institutions	「金融機関」
banks	「銀行」
international organizations	「国際機関」
trading companies	「商社」
manufacturing companies	「製造会社」
publishing companies	「出版社」

Today he will be giving a talk called "trends in modern financial management（分野）."

今日は、「現代財務管理の動向」と題して講演していただきます。

語句

called ...「〜と題して」/ financial management「財務管理」

言い換え表現

● modern financial management（分野）の言い換え表現
　→ 99ページを参照

Please welcome Professor Fujita（名前）!

それでは、藤田先生をお迎えしましょう！

語句

welcome「歓迎する」

シンポジウムの司会 ❸

シンポジウムの司会：終わりの言葉

Symposium MC : End

🔊 track 33

Now we have come to the end of the symposium. We have seen some excellent presentations from a number of impressive speakers. I hope you have gained a lot of useful information from this symposium. I also hope you can take new ideas from this symposium back to your workplace. I would like to thank the presenters and organizers of the symposium for doing a wonderful job and making this event a success. Thank you all for your time today, and have a safe trip home.

[訳]
そろそろシンポジウムも終わりの時間となりました。すばらしいプレゼンテーションを印象深い講演者の方々にしていただきました。みなさま方がこのシンポジウムからたくさんの有益な情報を得られたことを願っています。また、このシンポジウムで得た新たなアイディアを職場に持ち帰っていただけることを願っています。講演者のみなさま、シンポジウムの企画運営をご担当いただいたみなさまのご尽力、そしてこのイベントが成功に終わりましたことに感謝申し上げます。みなさま、本日はお時間をありがとうございました。お気をつけてお帰りください。

解説

Now we have come to the end of the symposium（司会をするイベント）**.**

そろそろシンポジウムも終わりの時間となりました。

語句

come to the end of ...「〜の終わりになる」

言い換え表現

● symposium（司会をするイベント）の言い換え表現
　→ 98 ページを参照

We have seen some excellent presentations from a number of impressive speakers.

すばらしいプレゼンテーションを印象深い講演者の方にしていただきました。

語句

presentation を「見る」と言うときには **see** が使える / **a number of ...**「たくさんの」/ **impressive**「印象深い」

I hope you have gained a lot of useful information from this symposium（司会するイベント）**. I also hope you can take new ideas from this symposium back to your workplace.**

みなさま方がこのシンポジウムからたくさんの有益な情報を得られたことを願っています。また、このシンポジウムで得た新たなアイディアを職場に持ち帰っていただけることを願っています。

語句

gain ... from 〜「〜から…を得る」/ **take ... from 〜 back to A**「〜から得た…を A へ持ち帰る」

言い換え表現

● symposium（司会をするイベント）の言い換え表現
　→ 98 ページを参照

I would like to thank the presenters and organizers of the symposium for doing a wonderful job and making this event a success.

講演者のみなさま、シンポジウムの企画運営をご担当いただいたみなさまのご尽力、そしてこのイベントが成功に終わりましたことに感謝申し上げます。

[語句]

do a wonderful job「すばらしい仕事をする」/
make this event a success「このイベントを成功させる」

Thank you all for your time today, and have a safe trip home.

みなさま、本日はお時間をありがとうございました。お気をつけてお帰りください。

[ワンポイント]

決まり文句として覚えておきたい。

chapter 7
プレゼン

　スピーチとほぼ同じ意味合いで「プレゼンテーション」という言葉が使われます。あえて区別するなら、スピーチは「話す」行為が主になります。一方、プレゼンテーションはスピーチを含むより広い概念を表します。特に、ビジネスや研究における「発表」と同義で使われます。その際、口頭によるスピーチだけではなく、Microsoft PowerPoint® などのビジュアル支援ソフトやマルチメディアを駆使した発表を多分に意味します。

　構成は、はじめの言葉（**Introduction**）、内容（**Body**）、終わりの言葉（**Conclusion**）の3つに大別することができます。プレゼンの内容によって話す事柄は異なってきます。特に内容が違ってくるのが **Body** です。チャート（図、表）はプレゼンではよく用いられますが、説明するのに苦労することがあります。サンプルでは、プレゼンテーションによく用いられるチャートの説明を紹介しています。終わりの言葉では、プレゼンテーションのまとめと、発表内容が聴衆に役立つことを願って締めくくります。

プレゼン ❶

プレゼン：はじめに

Presentation : Introduction

プレゼンをはじめるにあたって、全体の構成、概要、質問の方法について説明します。

🔊 track 34

> Today I am here to talk to you about my company. I have divided my talk into a number of parts. First I will talk about the history of the company. Then I will show you some financial statements. Finally, I will discuss the future of the company. If you have any questions please ask them at the end of the talk. Let's get started.

[訳]
今日は、弊社についてお話したいと思います。全体をいくつかに分けてお話します。まず、社史についてお話します。次に、財務諸表をご紹介します。最後に、弊社の将来についてご説明します。ご質問のある方は、発表の最後にお願いします。それでは、はじめます。

> 解説

Today I am here to talk to you about my company (目的).
今日は、弊社についてお話したいと思います。

> 語句

be here to *do*「〜するためにここにいる」

> 言い換え表現

● talk to you about my company（目的）の言い換え表現
　→ 178 ページを参照

I have divided my talk into a number of parts.
全体をいくつかに分けてお話します。

> 語句

divide ... into 〜「…を〜に分ける」/ **a number of ...**「たくさんの」という意味だが、ここでは「いくつかの」程度のニュアンス。

> ワンポイント

そのまま覚えておきたい文章。

First I will talk about the history of the company (話す内容).
Then I will show you some financial statements (話す内容).
Finally, I will discuss the future of the company (話す内容).
まず、社史についてお話します。次に、財務諸表をご紹介します。最後に、弊社の将来についてご説明します。

> 語句

financial statements「財務諸表」

> 言い換え表現

●上の文の言い換え例

　First I will talk about tourism statistics in New Zealand. Then I will show you potential areas for growth. Finally, I will discuss a proposal to enter this market.

[訳] まず、ニュージーランドの旅行業界の統計についてお話します。次に、成長が期待できる地域をご紹介します。最後に、この市場に参入するための提案を説明します。

* statistics「統計」/ potential「潜在的な」/ enter the market「市場に参入する」
* 「列挙する」→ 179ページを参照

> ワンポイント

First, ... Then, ... Finally, ... の構成に注目 / 英語のスピーチは原則として3つの構成をとる / 財務諸表の主なものに **B/S (Balance Sheet)**「バランスシート」、**P/L (Profit & Loss Statement)**「損益計算書」、**Cash flow statement**「キャッシュフロー計算書」がある。

If you have any questions please ask them at the end of the talk.

ご質問のある方は、発表の最後にお願いします。

> 語句

at the end of ...「～の終わりに」

> 言い換え表現

●質問を受け付けるための言い換え表現

If you have any questions please ask them at any time.
「何か質問があれば、いつでもお願いします」

> ワンポイント

スピーチの途中で質問をされるとリズムが崩れてしまう人は、スピーチのはじめにこのように言ってしまうとよい。

Let's get started.

それでは、はじめます。

[語句]

get + 過去分詞で「〜する」。例：**get my hair cut**「髪の毛を切る」。ここでの **cut** は過去分詞。

> **ワンポイント・クリニック ⓰**
>
> ### 避けたい原稿読み
>
> アイコンタクトと密接な関係があるスピーチ原稿。公式で重要な場面を除き、アイコンタクトをとるためにも原稿を読むのはやめましょう。そのためにあるのがこれらの「30秒」で完結するスピーチです。これくらいの分量だったらぜひ暗記してしまってください。

プレゼン ❷

プレゼン：チャートを説明する

Presentation : Explainig a chart

チャートを使って、売上状況などを紹介します。

🔊 **track 35**

> This chart shows the sales of our product over the last five years. The horizontal axis shows the number of sales, and the vertical axis shows the year. From the chart it is clear that sales have decreased in recent years. This is probably due to new competitors in the market. This chart indicates that our company needs to make changes in marketing strategy.

[訳]
このチャートは、過去5年の弊社製品の売上を示しています。横軸は売上総数、縦軸は年を示しています。このチャートから明らかですが、近年になって売上が減少しています。おそらくこれは、市場における新たな競合他社の出現によるものです。このチャートが示しているのは、弊社はマーケティング戦略の変革を迫られているということです。

解説

This chart shows the sales of our product over the last five years(チャートの内容).

このチャートは、過去5年の弊社製品の売上を示しています。

語句
chart「チャート」/ product「製品」/ over ...「〜にわたる」

言い換え表現
●チャートの内容の言い換え表現

the profits of our company last year
「昨年の弊社の利益」
the number of customers who use our product
「弊社製品を使っている顧客数」
the costs of production in 2009
「2009年の生産コスト」

ワンポイント
sales「売上」は次の文章から「売上数」をさしているとわかるが、「売上高」を表すこともある。

The horizontal axis shows the number of sales(横軸の内容), **and the vertical axis shows the year**(縦軸の内容).

横軸は売上総数、縦軸は年を示しています。

語句
the horizontal axis「横軸」。the x axis「x軸」とも言う / the vertical axis「縦軸」。the y axis「y軸」とも言う / the number of ...「〜の数」

言い換え表現
●横軸／縦軸の内容の言い換え表現

the amount of money 「金額」
the financial quarter 「会計四半期」
the number of people 「人数」
the type of product 「製品タイプ」

the costs	「コスト」
the month	「月」

> ワンポイント

日本語では「横軸は〜で、縦軸は〜です」と言うため動詞に **is** を用いがちだが、**shows** がよい。

From the chart it is clear that <u>sales have decreased in recent years</u>（チャートからわかる内容）**.**

このチャートから明らかですが、近年になって売上が減少しています。

> 語句

decrease「減少する」/ **recent**「最近の」。人によって数年から 5 年程度と具体的にさす長さは異なる。

> 言い換え表現

●チャートからわかる内容の言い換え表現

　profits have increased (this year)
　　「利益が（今年になって）上昇しました」
　production costs have stayed constant
　　「生産コストが横ばいとなっています」
　costs have decreased (this quarter)
　　「コストが（今期）減少しました」
　demand has increased (recently)
　　「需要が（最近）高まっています」
　supply has decreased (this month)
　　「供給が（今月）減少しました」
　the stock price has increased (this week)
　　「株価が（今週）上昇しました」
　our market share has stayed constant
　　「市場シェアが横ばいとなっています」

This is probably due to new competitors in the market （原因）.

おそらくこれは、市場における新たな競合他社の出現によるものです。

[語句]

due to...「〜による」／ competitors「競合他社」

[言い換え表現]

●原因の言い換え表現

an increase in demand 「需要の増加」
a decrease in demand 「需要の低下」
an increase/ decrease in labor costs 「労働コストの上昇／減少」
an increase/ decrease in cost of raw materials
　「原材料コストの上昇／減少」
an increase/ decrease in market activity 「市場活動の増加／低下」
an increase/ decrease in competition 「競争の激化／弱化」
an increase/ decrease in the value of the dollar
　「ドル価値の上昇／減少」
an increase/ decrease in advertising 「広告の増加／減少」

This chart indicates that our company needs to make changes in marketing strategy （チャートからわかる内容[結論]）.

このチャートが示しているのは、弊社はマーケティング戦略の変革を迫られているということです。

[語句]

indicate「示す」／ make changes「変化をもたらす」／ strategy「戦略」

[言い換え表現]

●チャートからわかる内容［結論］の言い換え表現

our company is in trouble 「弊社はトラブルに陥っています」
our company is doing very well 「弊社は好調です」
our company is healthy 「弊社は健全です」
our department doesn't need to change anything
　「当部門は何も変える必要がありません」

we need to think about this more deeply
　「さらに深く考える必要があります」
we need to cut costs　「コストを削減しなければなりません」
we need to expand our business
　「ビジネスを拡大させなければなりません」
we need to downsize　「人員削減をする必要があります」
we need to restructure　「再編が必要です」

> **ワンポイント・クリニック ⓱**
>
> ### 避けたい原稿の棒読み
> たとえ原稿を読みながらスピーチをしなければいけないとしても、事前に繰り返し練習してうまく読めるようにしておきたいものです。すらすら読む必要はありません。というのも、すらすら読まれると、左の耳から入って右の耳に抜けてしまうからです。強調したいところは強調し、軽く流すところは流す、といった具合に、読んでいることがあまり意識にのぼらなくなるまで練習してください。

プレゼン ❸

プレゼン：結論

Presentation : Conclusion

プレゼンを終えるにあたって、主要点をまとめ、質問を受け付けます。

🔊 **track 36**

> Now we are coming to the end of my presentation. Before I finish, let me summarize the main points. I hope you have gained some knowledge about this topic through my presentation. I also hope you have understood the points I wanted to make. Thank you all for coming and listening to my talk. Now if there are any questions, I'd be happy to answer them.

[訳]
私のプレゼンも終わりに近づいてきました。プレゼンを終える前に、主要な点をまとめておきましょう。プレゼンを通して、みなさんが今日のトピックについて知識を得られたこと、また、私のお伝えしたかったポイントをご理解いただけたことを願っています。今日はお越しいただき、また私の話を聞いてくださってありがとうございました。それでは、何か質問がおありでしたら、喜んでお答えいたします。

解説

Now we are coming to the end of my presentation.
私のプレゼンも終わりに近づいてきました。

語句
be coming to the end of ...「~の終わりに近づいている」

ワンポイント
プレゼンの終わりを告げる文章として覚えておきたい。

Before I finish, let me summarize the main points.
プレゼンを終える前に、主要な点をまとめておきましょう。

語句
summarize「要約する」

I hope you have gained some knowledge about this topic through my presentation. I also hope you have understood the points I wanted to make.
プレゼンを通して、みなさんが今日のトピックについて知識を得られたこと、また、私のお伝えしたかったポイントをご理解いただけたことを願っています。

語句
gain some knowledge about ...「~についての知識を得る」/ **points**「主要点」

言い換え表現
●上の文の言い換え例

From my presentation it is clear that New Zealand has a high potential for growth in its tourism market, and that our company can enter this market. So to conclude, your investment in my company would be a smart choice.

[訳] プレゼンから明らかなように、ニュージーランドは観光市場において高い潜在成長を有しており、弊社は参入可能です。結論として、弊社への投資は賢い選択となるでしょう。

語句

it is clear that ...「〜は明らかだ」/ **potential**「潜在性」/ **enter the market**「市場に参入する」/ **So to conclude, ...**「結論としては、…」。定型表現なのでこのまま使える / **investment**「投資」/ **would be a smart choice**「賢い選択となる」。would は表現をやわらげるニュアンスを持つ。

Thank you all for coming and listening to my talk.

今日はお越しいただき、また私の話を聞いてくださってありがとうございました。

語句

listen to my talk「私の話を聞く」

ワンポイント

来場、清聴へのお礼としてまるごと覚えておきたい。

Now if there are any questions, I'd be happy to answer them.

それでは、何かご質問がおありでしたら、喜んでお答えいたします。

語句

Now「それでは」。話題を変えるときに便利な言葉 / **I'd be happy to** *do*「喜んで〜します」

chapter 8
授業／ワークショップのスピーチ

　みなさんも授業やワークショップの講師を担当することがあるかもしれません。教えることに精いっぱいでどのように授業を進行させるかまで神経が行き届かないようではいけません。また逆に、進行がスムーズにできても、内容がともなわないようではお粗末です。

　授業やワークショップもほかのスピーチと同じく3つの構成をとります。はじめの言葉（**Introduction**）では授業、ワークショップの目的を述べて、受講生の積極的な参加をうながします。内容に応じて**Body**は変わってきます。終わりの言葉（**Conclusion**）では、授業やワークショップの目的がどのように達成されたかを簡単にまとめます。

　受講生は講師による一方通行の講義ではなく、積極的な参加を期待していることが多いので、授業やワークショップでは十分な演習時間を設けましょう。また、受講生からの質問も随時あるでしょうから、臨機応変に対応する自信がない場合には、あらかじめ質疑応答に関するルールを設定しておくこともできます。たとえばよくあるのが、説明をすべて終えてから質疑応答の時間を設けます、というものです。

授業／ワークショップのスピーチ ❶

授業／ワークショップ：開始

Classroom / Workshop : Start

授業の開始を告げ、簡単な自己紹介をし、今日やることを知らせます

🔊 **track 37**

> Ok class. If I could have all of your attention, please. If you don't mind, I would like to get started. First, thank you all for coming on time. I am John Samuels and I will be your instructor for today. We have a lot to do in today's training, so let's stay focused and work together to make sure we get through all of the material.

[訳]
それでは、クラスのみなさん。ご注目お願いします。よろしければはじめたいと思います。まず、時間通りにお集まりいただきありがとうございます。私はジョン・サミュエルズで、今日の講師を務めます。今日の研修ではたくさんのことをしますので、集中してみんなで作業し、すべての教材を終えられるようにしましょう。

解説

Ok class.
それでは、クラスのみなさん。

語句

class「クラスのみなさん」という呼びかけ。

If I could have all of your attention, please.
ご注目お願いします。

語句

Attention, please. をさらに長く言った文章。could は丁寧なニュアンスを表す。

If you don't mind, I would like to get started.
よろしければはじめたいと思います。

語句

mind「～をいやだと思う」。don't mind「いやでなければ」、つまり「よければ」という意味 / get started「はじめる」

First, thank you all for coming on time.
まず、時間通りにお集まりいただきありがとうございます。

語句

on time「時間ちょうどに」。 in time は「間に合って」という意味。

I am John Samuels (名前) and I will be your instructor (肩書き) for today.
私はジョン・サミュエルズで、今日の講師を務めます。

> 言い換え表現

● instructor（肩書き）の言い換え表現
teacher「講師」/ trainer「研修担当」

> ワンポイント

今日一日担当していくことを考えて、**will** と未来形が使われている。

We have a lot to do in today's training（イベント）, so let's stay focused and work together to make sure we get through all of the material.

今日の研修ではたくさんのことをしますので、集中してみんなで作業し、すべての教材を終えられるようにしましょう。

> 語句

make sure ...「確実に〜する」/ **get through ...**「〜をし終える」/
stay focused は **focused** の状態にいる（**stay**）、つまり「集中する」こと /
material は用意した教材や資料。

> 言い換え表現

●イベントの言い換え表現
lesson「授業」/ workshop「ワークショップ」

授業／ワークショップのスピーチ ❷

授業／ワークショップ：授業計画の説明

Classroom / Workshop : Explaining lesson plan

授業の目的、今日やること、質問の仕方について説明します。

🔊 **track 38**

The objective of today's training is to learn the new book-keeping techniques that will be used at the company next year. First we will go over the old system, then we will look at the changes in the new system. Finally, we will do some practice activities. If you have any questions or don't understand something, stop me at any time.

［訳］
今日の研修の目的は、来年から会社で使用される新しい簿記システムを学ぶことです。まず、旧システムをざっとおさらいし、次に、新システムでの変更点についてみていきます。最後に、演習をいくつかやってみましょう。何かご質問やわからないことがあったら、いつでも私に聞いてください。

> 解説

The objective of today's training _(イベント) is to learn the new book-keeping techniques that will be used at the company next year _(目的).

今日の研修の目的は、来年から会社で使用される新しい簿記システムを学ぶことです。

語句

objective「目的」／ book-keeping「簿記」

言い換え表現

● 目的の言い換え表現
　→「目的を説明する」（178 ページ）を参照

First we will go over the old system _(列挙する内容), then we will look at the changes in the new system _(列挙する内容).

まず、旧システムをざっとおさらいし、次に、新システムでの変更点についてみていきます。

語句

go over ...「～にざっと目を通す」／ look at ... と言うと「具体的な何かを見る」という意味だが、今回の例のように「確認する」「考える」というニュアンスでも使われる。

言い換え表現

● 上の文の言い換え例
First I will talk about the history of the company. Then I will show you some financial statements. Finally, I will discuss the future of the company.
「最初に、社史をご紹介します。次に、財務諸表をお見せします。最後に、弊社の今後についてご説明します」
　→「列挙する」（179 ページ）を参照

ワンポイント

First …, then … Finally, … の構成を意識すること。

Finally, we will do some practice activities.

最後に、演習をいくつかやってみましょう。

[語句]

do some activities「アクティビティーをやる」

If you have any questions or don't understand something, stop me at any time.

何かご質問やわからないことがあったら、いつでも私に聞いてください。

[語句]

stop me「私を止める」とは、「質問やわからないことがあることを知らせる」ということ。

[ワンポイント]

決まり文句として文章ごと覚えておきたい。

> ワンポイント・クリニック ⓲
>
> ### 大切なのは発音よりもアクセント、そして伝えたいという意志
>
> 英語は発音だ。そう言う方がいます。それも一理あります。でも私は発音よりもアクセント、それよりもリズムだと思います。言い換えれば、強弱と響きです。それ以上に実は、伝えたいという意志が大事で、強弱と響きは伝えたい思いを運んでくれるのです。

授業／ワークショップのスピーチ ❸

授業／ワークショップ：アクティビティーの説明

Classroom / Workshop : Explaining an activity

アクティビティーのやり方（グループの人数、リーダー決め）を説明します。

🔊 **track 39**

> In this activity I would like you to work in groups of five. Please choose a group leader who will report on your results at the end of the activity. First, let's read the explanation together to make sure we all understand what we have to do in the activity.
> [*after reading*] Do you all understand? Are there any questions?

［訳］
このアクティビティーは、5人一組で作業します。グループリーダーを決め、アクティビティー終了後、リーダーに結果を報告してもらいます。まず、説明をいっしょに読み、アクティビティーで何をする必要があるかを確認しましょう。
（やり方の説明を読んだ後で）わかりましたか。何か質問はありますか。

解説

In this activity I would like you to work in groups of five (人数).
このアクティビティーは、5人一組で作業します。

語句

work in groups of ... 「〜人一組で作業する」

Please choose a group leader who will report on your results at the end of the activity.
グループリーダーを決め、アクティビティー終了後、リーダーに結果を報告してもらいます。

語句

choose「選ぶ」/ **report on ...**「〜について報告する」/ **at the end of ...**「〜の終わりに」

First, let's read the explanation together to make sure we all understand what we have to do in the activity.
まず、説明をいっしょに読み、アクティビティーで何をする必要があるかを確認しましょう。

語句

make sure ... 「確実に〜する」

[after reading] Do you all understand? Are there any questions?
(やり方の説明を読んだ後で) わかりましたか。何か質問はありますか。

ワンポイント

Do you have any questions? や Does anyone have questions? 以外にも、例のように Are there any questions? と聞くことができる。

授業／ワークショップ：課題の説明

Classroom / Workshop : Explaining an assignment

レポートの課題の説明をします。語数制限、テーマ、提出期限を説明します。

🔊 **track 40**

> Let's look at the assignment together. The assignment is a 1000 word report on the topic of your new idea for improving customer relations. This is an individual assignment. The due date for the assignment is next Friday at 5pm, at the very latest. Please submit the assignment to the customer services manager by e-mailing it as an attachment. Good luck.

[訳]
課題をいっしょにみていきましょう。課題は、顧客との関係を向上させるための、みなさんの新しいアイディアについて1000語のレポートです。これは個人でやってもらう課題です。課題の提出締め切りは遅くとも来週金曜の午後5時です。顧客サービス部長へEメールの添付ファイルで課題を提出してください。がんばってください。

> 解説

Let's look at the assignment together.

課題をいっしょにみていきましょう。

> 語句

look at ... は、目で見る、というよりは、「考えていく」「検討する」という意味で使われている / **assignment**「課題」

The assignment is a 1000 word report (課題) on the topic of your new idea for improving customer relations (課題のテーマ).

課題は、顧客との関係を向上させるための、みなさんの新しいアイディアについて1000語のレポートです。

> 語句

on the topic of ...「〜について」「〜をテーマとした」/ **improve**「〜を向上させる」/ **customer relations** は「顧客との関係」。顧客同士の関係ではない。

> 言い換え表現

● a 1000 word report（課題）の言い換え表現

a report	「レポート」
a worksheet	「ワークシート」
a presentation	「プレゼン」
a one-page report	「1ページのレポート」
a 10 minute presentation	「10分間のプレゼン」
a two-page worksheet	「2ページのワークシート」

> ワンポイント

1000 word とは英語の語数にして1000語ということ。たとえば **a 1000 word report** だったら4語と数える（冠詞を数えない場合もある）。

This is an individual (課題のタイプ) assignment.

これは個人でやってもらう課題です。

[語句]

group assignment と対照的なものとして individual assignment がある。individual は「個々の」ではなく、「個人別の」という意味。

[言い換え表現]

● individual（課題のタイプ）の言い換え表現
　group「グループの」

The due date for the assignment is next Friday at 5pm（締め切り）, at the very latest.

課題の提出締め切りは遅くとも来週金曜の午後5時です。

[語句]

due「締め切り」/ date「日付」/ at the very latest「遅くとも」。latest にはそのほか「最新の」という意味もある。

[言い換え表現]

● next Friday at 5pm（締め切り）の言い換え表現
　the start of next class　　「次の授業開始時」
　July 31st　　　　　　　　「7月31日」

Please submit the assignment to the customer services manager（提出先） by e-mailing it as an attachment（提出方法）. Good luck.

顧客サービス部長へEメールの添付ファイルで課題を提出してください。がんばってください。

[語句]

submit「提出する」/ customer services manager「顧客サービス部長」。このような場合の service は複数形になる / ここでの e-mail は動詞 / attachment「添付」だが、an をともなっているので「添付ファイル」という意味。

chapter 8
授業／ワークショップのスピーチ
Classroom / Workshop

言い換え表現

● customer services manager（提出先）の言い換え表現
　your manager　　　　　　「みなさんの部長」
　the teacher　　　　　　　「先生」
　administration　　　　　　「事務」
　the head of department　「課長」
　your boss　　　　　　　　「みなさんの上司」
　Andy Walker (name)　　　「アンディ・ウォーカー」（名前）

● e-mailing it as an attachment（提出方法）の言い換え表現
　by e-mail　　　　　　　　「E メール」
　by post　　　　　　　　　「郵送」
　by registered mail　　　　「書留」
　by internal mail　　　　　「社内メール」
　by express delivery　　　「速達」
　in person　　　　　　　　「手わたし」

ワンポイント・クリニック ⑲

自信は声に現れる

表情では隠せても、自信のなさは声に現れます。すばらしいメッセージも声が弱々しかったら台無しです。ボイストレーニングとまではいきませんが、せめて今日はどのくらいの声がでるか、ぐらいのことは、（マイクを使うなら）マイクを通して事前に確認しておいてください。

授業／ワークショップ：終わり

Classroom / Workshop : Closing

授業の終わりを告げ、簡単に振り返り、次回の予定を知らせます。

🔊 **track 41**

> Ok class, let's finish the lesson here. Today we have worked hard to get through a lot of material. Please review your notes to go over everything we have learned today. Our next class will be Friday, September 15th. By the next lesson, you should have finished task one for homework. If you have any questions about the task, or need to see me about anything, please talk to me after class.

[訳]
ではクラスのみなさん、ここまでにしておきましょう。今日は、一生懸命に取り組んだので、たくさんの教材を終えることができました。ノートを見返して今日学んだことをすべて復習しておいてください。次の授業は9月15日の金曜日となります。次の授業までに、課題のタスクをひとつやっておいてください。タスクについての質問や、何か私に用がある人は、授業の後でお知らせください。

解説

Ok class, let's finish the lesson here.
ではクラスのみなさん、ここまでにしておきましょう。

語句
finish the lesson「授業を終える」

Today we have worked hard to get through a lot of material.
今日は、一生懸命に取り組んだので、たくさんの教材を終えることができました。

語句
work hard「一生懸命に取り組む」／ get through ...「〜を終える」

Please review your notes to go over everything we have learned today.
ノートを見返して今日学んだことをすべて復習しておいてください。

語句
review「復習する」／ go over ...「〜をざっと検討する」

Our next class will be Friday, September 15th（日時）.
次の授業は9月15日の金曜日となります。

言い換え表現
● Friday, September 15th（日時）の言い換え表現
next Monday　　　　　　「次の月曜日」
in two weeks　　　　　　「2週間後」
at the same time next week　「来週の同時刻」
tomorrow at 5pm　　　　「明日の午後5時」

By the next lesson, you should have finished task one (課題の内容) **for homework.**
次の授業までに、課題のタスクをひとつやっておいてください。

> ワンポイント

by は期限を表す / **should have** ＋ 過去完了形は「～が完了しているべき」という意味だが、婉曲な依頼となっている。

If you have any questions about the task, or need to see me about anything, please talk to me after class.
タスクについての質問や、何か私に用がある人は、授業の後でお知らせください。

> ワンポイント

see me「会う」とはただたんに会うだけでなく、相談したり質問したりすること。**see a doctor**「医者に行く」という表現もある。

chapter 9

会議のスピーチ

　会議の種類にもよりますが、日本では会議は話し合い、意見交換の場となります。極端なケースでは、決定事項があらかじめ決まっていてそれに対しての全員の意思を確認するためだけに会議が開かれることもあります。

　英語圏での会議は、面と向かって激論を交わし合うのが目的です。そして、話し合う目的は意思決定をもたらすためです。決定が先延ばしになることももちろんあり、そのような事項は保留（**pending**）として位置づけられます。

　授業やワークショップでのスピーチと同様、会議においても、参加者の発言をうながすのが司会者の役割なので、はじめの言葉でしっかりと意見をうながしましょう。あらかじめ議事進行の順番がわかっていると参加者も安心しますので、ざっと説明したいところです。

　会議の種類によっては、特定の保留事項に対して具体的な行動計画（**action plan**）を決め、担当者と期限を設ける場合があります。必要に応じて **action plan**（**To do items**）の確認を、終わりの言葉の前にやっておくと後々安心です。

会議のスピーチ ❶

会議：開始

Meeting : Opening

会議を開始し、話し合う内容をざっと説明します。

🔊 track 42

> Ok. If you don't mind, I would like to begin today's meeting. We have a large number of items to get through today. Please look at the agenda for the meeting. We will work our way through each of these items, and discuss general business at the end. Let's make today's meeting a productive one!

[訳]
はい。よろしければ、今日の会議をはじめたいと思います。今日は検討しなければならない事項がたくさんあります。会議の予定表をご覧ください。これらの事項を個々に検討していき、全般的なことを最後に話し合います。それでは実りある会議にしましょう。

> **解説**

Ok. If you don't mind, I would like to begin today's meeting.
はい。よろしければ、今日の会議をはじめたいと思います。

> 語句

mind「〜をいやだと思う」、don't mind「〜を気にしない」 / begin today's meeting「今日の会議をはじめる」

We have a large number of items to get through today.
今日は検討しなければならない事項がたくさんあります。

> 語句

a number of ...「たくさんの〜」に large がついて、議題の多さを強調している / get through ...「〜をすべて終える」

Please look at the agenda for the meeting.
会議の予定表をご覧ください。

> 語句

agenda「議題」

We will work our way through each of these items, and discuss general business at the end (列挙).
これらの事項を個々に検討していき、全般的なことを最後に話し合います。

> 語句

work one's way through ...「〜を検討する」 / general business「全般的な事項」 / at the end「最後に」

> 言い換え表現

●列挙の言い換え例

　First, we are going to discuss sales from last year. Then we will look at the new marketing plan and ideas for a new product. Finally, John will give a report on his recent business trip to the US.

「まず、昨年の売上について話し合います。そして、新しいマーケティング計画と新製品のアイディアを検討します。最後に、ジョンが先日のアメリカ出張について報告をしてくれます」

* **sales from last year**「昨年からの売上」だが、「昨年の売上」と解釈できる / **look at …**「〜を検討する」/ **marketing plan**「マーケティング計画」/ **give a report on …**「〜について報告する」/ **business trip to …**「〜への出張」

> ワンポイント

3つの主要議題について紹介する箇所。**First, … Then … Finally, …** の構成を使って端的に述べている。

Let's make today's meeting a productive one!

それでは実りある会議にしましょう。

> 語句

productive「生産性のある」

> ワンポイント・クリニック ⑳

ユーモアで無理しない

ユーモアでの失敗は予想以上にインパクトが大きいものです。下手なジョークやユーモアを言ってスピーチのリズムを崩すよりも、言わないでおいた方が無難でしょう。

会議のスピーチ ❷

会議：意見を求める

Meeting : Calling for opinion

説明のあった内容に対して意見を求めます。

🔊 **track 43**

> The sales section has given us a lot of good information, and raised a lot of good questions about ideas for a new product. Now, I would like to spend the next five or ten minutes listening to your opinions about this. Please don't be shy. Any opinion will be valued. The more ideas we raise for discussion the better the result of this meeting will be.

［訳］
営業部からたくさんのよい情報をお聞かせいただき、新製品のアイディアについてよい質問をたくさん出していただきました。それでは、この件について、5分から10分程度を使い、みなさんのご意見を聞きたいと思います。恥ずかしがらないでください。どんな意見でも価値があるものです。たくさんアイディアを出してディスカッションすればするほど、会議はよい結果を生み出します。

解説

The sales（部署名） section has given us a lot of good information, and raised a lot of good questions about ideas for a new product.

営業部からたくさんのよい情報をお聞かせいただき、新製品のアイディアについてよい質問をたくさん出していただきました。

語句

raise questions「質問を出す」

言い換え表現

● sales（部署名）の言い換え表現　→ 7 ページを参照
● より汎用的な全文の言い換え例

In this meeting we have heard a lot of good information, and we have raised a lot of good questions for discussion.

「この会議では、とてもよい情報を聞くことができ、ディスカッションのための質問がたくさん出されました」

Now, I would like to spend the next five or ten（時間） minutes listening to your opinions about this.

それでは、この件について、5 分から 10 分程度を使い、みなさんのご意見を聞きたいと思います。

語句

spend 時間 *doing*「~することに時間を使う」/ listen to one's opinions「~の意見を聞く」

Please don't be shy. Any opinion will be valued. The more ideas we raise for discussion the better the result of this meeting will be.

恥ずかしがらないでください。どんな意見でも価値があるものです。たくさんアイディアを出してディスカッションすればするほど、会議はよい結果を生み出します。

> 語句

value「価値をみとめる」/ **The more …, the better …** の構文は学校英語でもおなじみで、「〜すればするほど、…だ」という意味。

> ワンポイント

会議において意見を出す際のポイントが端的に述べられている。**shy**「恥ずかしがりの」は、否定的なニュアンスを持った言葉。肯定的な意味での「控えめな」を言いたいときには **reserved** を用いる。

> ワンポイント・クリニック ㉑

謙遜は最大の敵

日本語ではユーモアのつもりでも、英語圏では差別と誤解されることがあります。注意したいのは、自分を含めた身内や異性に対する謙遜です。誤解を招いてからでは遅すぎます。ひとつのヒントとして、謙遜を自信 (proud) に変換してください。どういうことかと言うと、謙遜したい状況になったら、英語で I am very proud of ...（〜をとても誇りに思っています）と置き換えてしまえばいいのです。それと同じく、I am very nervous.（緊張しています）は I am very excited to *do*.（〜することにとても興奮しています）と言ってしまうことができます。

会議のスピーチ ❸

会議：終了

Meeting : Closing

会議の終わりを告げ、簡単に振り返りをした後、議事録をよく読んで次回の会議に参加するよう伝えます。

🔊 track 44

> If there is no other general business, we might draw the meeting to a close. I think we have discussed a lot of important ideas and made some important decisions today. Make sure you read the minutes of the meeting to review everything that we talked about today. Our next meeting is scheduled for Friday next week at 3pm, so we can continue some of these discussions then. Until next time.

[訳]
ほかに話し合うことがなければ、会議を終わりにしたいと思います。今日は、たくさんの大切なアイディアを検討し、いくつか重要な決定をしました。必ず会議の議事録を読んで、今日話し合ったことをすべて再検討しておいてください。次の会議は来週金曜の午後3時に予定されていますので、これらの話し合いについてはそのときに引き続きおこないます。それでは、次回まで。

> **解説**

If there is no other general business, we might draw the meeting to a close.

ほかに話し合うことがなければ、会議を終わりにしたいと思います。

> **語句**

general business は会議で言うと「そのほかの案件」に相当する / **draw the meeting to a close**「会議を終わりにする」

I think we have discussed a lot of important ideas and made some important decisions today.

今日は、たくさんの大切なアイディアを検討し、いくつか重要な決定をしました。

> **語句**

make decisions「決定をする」

Make sure you read the minutes of the meeting to review everything that we talked about today.

必ず会議の議事録を読んで、今日話し合ったことをすべて再検討しておいてください。

> **語句**

make sure …「必ず〜する」 / **minutes**「議事録」は常に複数形。

Our next meeting is scheduled for Friday next week at 3pm （次回の日時）, so we can continue some of these discussions then. Until next time.

次の会議は来週金曜の午後3時に予定されていますので、これらの話し合いについてはそのときに引き続きおこないます。それでは、次回まで。

> **語句**

is scheduled for …「〜に予定されている」。前置詞 **for** を使う点に注意 / **Until next time.** はお別れの言葉。**Until then.** とも言う。

言い換え表現

● **for Friday next week at 3pm**（次回の日時）の言い換え表現
　for September 31st at 1 pm　「9月31日の午後1時」
　for the same time next week　「来週の同じ時間」
　in two weeks' time　　　　　「2週間後」

ワンポイント

次回の会議の予定と、それまでにしておくべきことを説明している。

ワンポイント・クリニック ㉒

笑いは最高の安心材料

ユーモアが成功し、聴衆から笑いをとる。スピーチの中で一回でもこれができたら万々歳です。30秒のスピーチだと時間がないでしょうが、長めのスピーチでは数回程度の笑いは聴衆の集中度を高めます。だからといって、あまりユーモアばかりに固執する必要はありません。あくまで内容重視でいきましょう。

chapter 10
ベビーシャワーのスピーチ

　ベビーシャワーとは、すこやかな赤ちゃんが産まれるように妊婦を囲んでお祝いするパーティーのことです。普通は女性だけが招かれるのですが、ところ変わればやり方も変わって男性でも招かれることがあるかもしれません。招待された場合は、絶好の機会と考えて積極的に参加しましょう。

　パーティーのメインイベントは、参加者からのプレゼントを開けることです。ベビーベッドなど大きなものを参加者全員でお金を集めて買う場合もありますし、個人個人がそれぞれのプレゼントを持ち寄る場合もあるでしょう。

　スピーチが必要になるのはプレゼントを開ける前か、開けた後のどちらかとなります。サンプルではそのどちらでも使えるようなスピーチを用意しました。

基本の組み立て

具体的なスピーチの内容については、次のような流れをふめばわかりやすくなります。

感謝 ＋ 子育てについて ＋ プレゼント ＋ はげまし（感謝）

まず何はなくとも、集まってくれた人に感謝の気持ちを伝えます。集まってくれたことに対する感謝でもいいでしょう。祝福する側でも、される側でも、子育てに関して何か言葉があれば気のきいたスピーチにしあげることができます。プレゼントは子育てへの支援（**support**）と表現し、感謝すればいいでしょう。最後に、はげましや感謝で締めくくりましょう。

ベビーシャワーのスピーチ ❶

ベビーシャワー：祝福する側

Baby Shower : Thrower

もうすぐ子どもがうまれるベティーのベビーシャワーのパーティーで、お祝いを述べます。

🔊 **track 45**

> Thank you for coming here to help celebrate the arrival of Betty's new child into this world. We all know babies are beautiful things, but we also know they can be a lot of hard work. We hope you can use the gifts we bought to help raise your child more comfortably. We hope you like them and will put them to good use! Congratulations, Betty!

[訳]
ここにお集まりいただき、ベティーの新しいお子さんの誕生をお祝いしていただいてありがとうございます。赤ちゃんはすばらしいものですが、手がかかるのも事実です。私たちが買った贈り物を使って、どうぞ心安らかに子育てをしてください。気に入ってくれて、ちゃんと使ってくれることを願っています。おめでとう、ベティー。

解説

Thank you for coming here to help celebrate the arrival of Betty(名前)'s new child into this world.

ここにお集まりいただき、ベティーの新しいお子さんの誕生をお祝いしていただいてありがとうございます。

語句

arrival「到着」という意味だが、**arrival of** 子ども **into this world** で、子どもの「誕生」のこと。

ワンポイント

ベビーシャワーの主催者として感謝の意を表している。

We all know babies are beautiful things, but we also know they can be a lot of hard work.

赤ちゃんはすばらしいものですが、手がかかるのも事実です。

ワンポイント

We all know …, but we also know … と対比させて意見を述べている / **can be a lot of hard work** とは「手間がかかるものだ」というニュアンス。

We hope you can use the gifts we bought to help raise your child more comfortably.

私たちが買った贈り物を使って、どうぞ心安らかに子育てをしてください。

語句

raise *one's* child「子どもを育てる」

ワンポイント

「つまらないものですが」と贈り物をする際に謙遜する日本文化とは大きな違いである。

**We hope you like them and will put them to good use!
Congratulations, Betty**(名前)**!**

気に入ってくれて、ちゃんと使ってくれることを願っています。おめでとう、ベティー。

語句

put them to good use「しっかり使う」

ワンポイント

この文章でも、贈り物について謙遜することなどなく、希望を率直に述べている。

ワンポイント・クリニック ㉓

パソコンおばけになるな！

演台の上にパソコンがセットされ、暗い会場の中で話していると、まるでおばけのように顔だけが宙に浮いて見えることがあります。人手が確保でき、事前に十分な打ち合わせが可能なら、パソコン操作は誰かに頼みましょう。その場合、どのタイミングでスライドのページ送りをするかなど確かめておきましょう。話し手の立ち位置は会場によって異なりますので、事前確認が必要になってきます。心配な方は実際のライティングで映り方を事前に確かめておくのが一番です。

ベビーシャワーのスピーチ ❷

ベビーシャワー：祝福される側
Baby Shower : Receiver

自分のために開かれたベビーシャワーで、お礼を述べます。

🔊 **track 46**

> Thank you so much for the kindness you have shown me, and the support you have given me during my pregnancy. I can't thank you enough for the beautiful gifts you have given me, which will be very useful when my baby arrives. Pregnancy can sometimes be hard, but your kindness and gifts have made this a wonderful experience. Thank you once again!

[訳]
妊娠中、みなさんが親切にしてくださり、また助けていただいて感謝申し上げます。素敵な贈り物をいただいて感謝してもしきれませんし、赤ちゃんがうまれたときにとても役立ちます。妊娠は大変なときもありますが、みなさんの優しさと贈り物のおかげで、妊娠がすばらしい経験になりました。もう一度、感謝申し上げます。

解説

Thank you so much for the kindness you have shown me, and the support you have given me during my pregnancy.

妊娠中、みなさんが親切にしてくださり、また助けていただいて感謝申し上げます。

語句

kindness「親切さ」/ pregnancy「妊娠」

ワンポイント

感謝の対象となるものは、**the kindness, the support** だが、それぞれの後ろには同じような表現である **you have shown me** と **you have given me** がついている。

I can't thank you enough for the beautiful gifts you have given me, which will be very useful when my baby arrives.

素敵な贈り物をいただいて感謝してもしきれませんし、赤ちゃんがうまれたときにとても役立ちます。

語句

arrive は「到着する」だが、ここでは「誕生する」という意味。

ワンポイント

I can't thank you enough for … は、相当感謝している場合に便利な表現。**will be very useful when my baby arrives** は、赤ちゃんがうまれることはわかっているので現在形が使われている。

Pregnancy can sometimes be hard, but your kindness and gifts have made this a wonderful experience.

妊娠は大変なときもありますが、みなさんの優しさと贈り物のおかげで、妊娠がすばらしい経験になりました。

語句

pregnancy「妊娠」

Thank you once again!

もう一度、感謝申し上げます。

ワンポイント・クリニック㉔

スライドの上のハエ?!

レイザー・ポインターが好きになれないのは、この私だけでしょうか。使い勝手もあまりよくなく、自分はまず使ったためしがありません。聴衆席にいるとき、ポインターをスライドに当てられても、どこを見ていいのかさえわからないことがあります。話し手によっては、手の震えがポインターにひびき、まるで動くハエを眺めているように感じることさえあります。

chapter 11
食事の前のお祈り

　みなさんが食事の前にお祈りのスピーチをしなければならない状況は考えにくいですが、どのように言うかぐらいは知っておいて損はないでしょう。

　国や宗教によって、食事の前に祈りをささげるかどうかは違ってきます。アメリカでキリスト教徒のお宅にホームステイしたり、招かれたりしたときなど、食事の前のお祈りを体験するかもしれません。

　お祈りの方法や言葉も家庭によって若干異なります。一般的なキリスト教のお祈りでは、全員がテーブルについた後、両隣りの人とテーブルの上で手をつなぎ、主人がお祈りの言葉をささげます。全員、首を少し前に折り曲げ、頭を垂れた格好をします。最後に全員で合唱するようにAmen（アーメン）とつぶやき、食事に移ります。

　お祈りの内容はサンプルの通り、食べ物や食事をつくってくれた人に対する感謝、そして、神のおかげでみなが無事で食事を楽しめることに対する感謝などです。

食事の前のお祈り

食事の前のお祈り（キリスト教）

Grace (speech before eating in Christian settings)

食べ物、料理をつくった人、食事を共にできることを神に感謝する

🔊 **track 47**

We thank you for this food we are about to eat. We thank you for the ones who prepared it and the kindness they have shown. We give thanks for providing us with the opportunity to come together in friendship and to enjoy this beautiful meal together. Thank you Lord. Amen.

[訳]
これからいただく食べ物に対して神に感謝いたします。食事を用意してくれた人、また彼らが示した親切に対して神に感謝いたします。友情をもって時を共にし、このすばらしい食事を共にする機会をお与えくださいましたことに感謝いたします。神よ、感謝申し上げます。アーメン。

> 解説

We thank you for this food we are about to eat.

これからいただく食べ物に対して神に感謝いたします。

> 語句

be about to *do*「今まさに〜する」

> ワンポイント

you は **Lord**（神）をさしている。

We thank you for the ones who prepared it and the kindness they have shown.

食事を用意してくれた人、また彼らが示した親切に対して神に感謝いたします。

> 語句

prepare「料理をつくる」

We give thanks for providing us with the opportunity to come together in friendship and to enjoy this beautiful meal together.

友情をもって時を共にし、このすばらしい食事を共にする機会をお与えくださいましたことに感謝いたします。

> 語句

provide 人 **with** ...「人に〜を提供する」 / **opportunity**「機会」 / **meal**「食事」

> ワンポイント

breakfast「朝食」 / **lunch**「昼食」 / **supper**「夕食」 / **dinner** は一日の中で中心的な食事のことで、必ずしも夕食とは限らない。量が多ければ昼食でも **dinner** と呼ばれる。

Thank you Lord. Amen.

神よ、感謝申し上げます。アーメン。

chapter 12
自宅訪問のスピーチ

　日本人が人を自宅に招く場合、かなり仲のよい人でなければ家のすみずみまで案内することはないでしょう。しかし国によっては家に人を招いた場合、夫婦の寝室をはじめ、家の中にある部屋をすべて見せて歩くことがよくあります。トイレの場所を知らせるというのでしたら日本人にも理解できますが、いきなり夫婦の寝室を見せられても困ってしまいますよね。

　このような習慣ができたのは、英語で **make yourself at home**（自分の家にいるときのようにくつろぐ）という表現があるように、くつろぐためには、家の中を一通り案内してもらう必要があると考えるためではないかと思います。

　スピーチのサンプルでは、玄関を入ってから、ひとまず落ち着くまでにざっと家の中を案内する場面を想定しています。慣れているならまだしも、普段は家の外で会っている人を中に招き入れるだけで緊張してしまうこともあります。はじめよければすべてよし。こういうつもりで、招き入れてからしばらくの間はこちらのペースに引き込むことも大事です。

　友人宅に招かれた場合には、感謝の気持ちを素直に表すことが大切なので、スピーチは短めにまとめましょう。

自宅訪問のスピーチ ❶

自宅訪問：ホストとして

Visiting a home *(as host)*

自宅に招待したお客様を招き入れ、席についてもらうまでの一連の言葉です。

🔊 **track 48**

> Welcome to our home, please do come in. Feel free to leave your shoes on. Before we settle in, let me quickly show you around. The lounge is this way, and the bathroom is that way if you need it. Let's go into the dining room and sit down. Can I get you something to drink?

［訳］
我が家へようこそ、どうぞお入りください。靴ははいたままで結構です。おくつろぎいただく前に、簡単に家の中をお見せしておきます。ラウンジはこちらで、必要でしたらバスルームはあちらです。ダイニングに入って、お座りください。何かお飲み物はいかがですか。

> 解説

Welcome to our home, please do come in.

我が家へようこそ、どうぞお入りください。

> 語句

come in「(家の)中へ入る」

> ワンポイント

動詞の前に **do** をつけることで強調している。「どうぞどうぞお入りください」といったニュアンス。

Feel free to leave your shoes on.

靴ははいたままで結構です。

> 語句

leave *one's* shoes on「靴をはいたままでいる」

> ワンポイント

靴を脱いでもらいたいときには、**Please leave your shoes at the door.**「ドアのところで靴をお脱ぎください」と言う。

Before we settle in, let me quickly show you around. The lounge (家の一部) is this way, and the bathroom (家の一部) is that way if you need it.

おくつろぎいただく前に、簡単に家の中をお見せしておきます。ラウンジはこちらで、必要でしたらバスルームはあちらです。

> 語句

settle in「落ち着く」

> 言い換え表現

- **lounge**(家の一部)の言い換え表現
  sunroom「サンルーム」/ **kitchen**「キッチン」/ **patio**「パティオ」/ **outdoor area**「外」/ **rumpus room**「娯楽室」/ **garage**「ガレージ」/ **bedroom**「寝室」

Let's go into the dining room（家の一部）**and sit down. Can I get you something to drink?**

ダイニングに入って、お座りください。何かお飲み物はいかがですか。

語句

go into「〜の中へ入る」

ワンポイント・クリニック ㉕

テクノロジーを過信するな！

準備万端整い、会場でパソコンを取り出し、電源コードを伸ばすと電源まで長さが足りない。それ以外にも、USBメモリーでファイルを持参し、借りたパソコンで開こうとしても開けない。インターネットに接続しようとしたが、そもそもインターネット接続がない。ひどいときには、プロジェクターが使えない。テクノロジーにトラブルはつきものです。テクノロジーはうまく使えば効果倍増でも、使えないときにスピーチできないようでは困りものですね。スピーチの基本は、自分ひとりでできることです。それを肝に銘じて練習にはげみ、本番にのぞんでください。

chapter 12 自宅訪問のスピーチ Visiting a home

自宅訪問:ゲストとして

Visiting a home *(as guest)*

自宅に招かれたとき、お土産をわたすまでの一連の言葉です。

🔊 **track 49**

> Thank you so much for inviting us to your lovely home. Please accept this gift as a token of our appreciation. It really isn't much, but we hope you will like it.

[訳]
素敵なご自宅にお招きいただき、本当にありがとうございます。感謝の気持ちとして、この贈り物をどうぞお受け取りください。たいしたものではありませんが、気に入っていただけるとうれしいです。

解説

Thank you so much for inviting us to your lovely home.
素敵なご自宅にお招きいただき、本当にありがとうございます。

［語句］
invite 人 to 場所「人を場所に招く」

Please accept this gift as a token of our appreciation.
感謝の気持ちとして、この贈り物をどうぞお受け取りください。

［語句］
accept 物 as ...「物を〜として受け取る」/ token「印」/ appreciation「感謝」

It really isn't much, but we hope you will like it.
たいしたものではありませんが、気に入っていただけるとうれしいです。

ワンポイント
ここでは謙遜しているが、It really isn't much, but の部分は省略しても可。

ワンポイント・クリニック ㉖

プレゼンの主役を奪われないように！

いまやプレゼンにパワーポイントは欠かせなくなりました。ワープロ感覚で簡単にプレゼン文書ができてしまう。しかも、少し時間をかければ、プロも顔負けの文書がたちどころに作れてしまいます。ところが、パワーポイントにはひとつの重大な罠が隠されています。それは、プレゼンの中心が誰なのか、わからなくなってしまうことがある点です。パワーポイントの文書がまるでプレゼンの主役であるかのように聴衆の心に印象を強く残す。これでは本末転倒です。プレゼンのメッセージは発表者本人が伝えなければいけません。パワーポイントの文書があまりに目立ちすぎたり、パワーポイントの内容と発表者のプレゼン能力がつり合いのとれていなかったりするのはいけません。

chapter 12 自宅訪問のスピーチ Visiting a home

part 2 | Functional Phrases
機能別表現編

報告する Report 🔊 track 50

I would like to report on <u>my recent trip to LA</u> (報告する事柄). It was very <u>informative</u> (評価). Very briefly, I found <u>many new marketing strategies</u> (得られたもの).

[訳]
先日のロサンゼルスへの出張の報告をしたいと思います。とても参考になりました。簡潔に言うと、たくさんの新しいマーケティング戦略を学びました。

語句
report on ... 「〜について報告する」/ briefly 「簡潔に（言うと）」

報告する事柄
- the conference I attended 「参加したカンファレンス」
- the meeting I attended 「参加した会議」
- my business trip 「出張」
- my team's progress 「チームの進歩状況」
- my progress 「私の進歩状況」
- the findings of my research 「調査結果」
- the findings of my inquiry 「確認の結果」
- my observations 「調査」
- my decision 「決定事項」

評価
- surprising 「驚くべき」
- interesting 「興味深い」

得られたもの
- new ideas for the company 「会社についての新しいアイディア」
- some problematic areas we need to address 「取り組むべき課題分野」
- progress has been good 「状況はよい」

発表する Announce 🔊 track 51

If I could all have your attention, please. I would like to make a short announcement. It is my pleasure _(発表に対する感想) to tell you that Jack is being promoted to department head _(発表の内容).

[訳]
ご注目お願いいたします。簡単な発表をしたいと思います。ジャックが課長に昇進となることを発表できて光栄に思います。

[語句]

have *one's* attention「～に注目してもらう」/ make an announcement「発表をする」/ It is my pleasure to *do*「～して光栄だ」

発表に対する感想
  regret 「残念だ」

発表の内容
  Jack will be leaving the company
    「ジャックが退職する」
  we will all have to work late tonight
    「今日はみんな残業しなければならない」
  we have a meeting at 5pm
    「5時に会議がある」
  Michael is getting married
    「マイケルが結婚する」

意見を言う Say an Opinion 　　track 52

This is just my opinion, and feel free to disagree. I think <u>the company needs to make a lot of changes</u> ^(意見).

[訳]
たんなる個人的な意見ですので、反対してくださってかまいません。私は、当社はたくさんの改革をしなければならないと思います。

語句

feel free to *do*「遠慮なく～する」

意見

we have to work too much overtime.
　「残業をしすぎである」

the company is moving in the wrong direction.
　「会社が間違った方向に動いている」

we need to make a decision.
　「決断をしなければならない」

we need to think about this more.
　「このことについてさらに検討しなければならない」

賛成する Agree

🔊 track 53

I totally agree with what you are saying.

[訳]
おっしゃる通りです。

語句
totally「完全に」

言い換え表現

I couldn't agree with you more.
「これ以上賛成できません」。つまり「完全に賛成」ということ。

I am with you 100 percent.
「100パーセントあなたに賛成です」（**be with someone** は「〜に賛成」）

You make a really strong point.
「とても説得力のあるポイントです」（**strong** はここでは「説得力がある」と解釈できる）

「賛成する」度合い順に並べると…

I couldn't agree with you more. 　　すごく賛成
「これ以上賛成できないくらいです」

I absolutely agree with that.
「絶対、それに賛成です」

I am in favor of that.
「それがいいと思います」

I think so too.
「私もそう思います」

That's right. 　　　　　　　　　　まあ賛成
「そうですね」

反対する Disagree

I understand what you are saying（理解している）. You have a very valid point（評価）. However, I disagree.

[訳]
あなたのおっしゃることはわかります。とても妥当なご意見だと思います。しかし、私は反対です。

理解している
　I see what you mean. 「あなたの言うことはわかります」

評価
　That's a good point. 「とてもよいポイントです」

「反対する」度合いが強い順に並べると…

　I totally disagree.
　　「全面的に反対です」　　　　　　　　　　　　　　すごく反対
　　　　　　　　　　　　　　　　　　　　　　　　　　↑
　I disagree.
　　「反対です」

　Yes, but that's not right.
　　「はい、ですがそうではありません」

　I see, but I don't agree.
　　「そうですか、でも賛成ではありません」

　I see what you mean, but I disagree.
　　「おっしゃることはわかりますが、反対です」

　I understand your point, but I have to partly disagree.
　　「ポイントは理解しますが、部分的に反対せざるを得ません」　まあ反対

感謝する Thank

🔊 track 55

I would like to sincerely thank you for <u>your time</u> (感謝する対象).

[訳]
お時間をいただきまして心より感謝申し上げます。

感謝する対象

your patience	「辛抱強さ」
your support	「支援」
your contribution	「貢献」
your input	「意見」
everything you have done	「あなたがしてくれたことすべて」
your hard work	「勤労」
your help	「助力」
your effort	「尽力」

「感謝する」ことを丁寧な順に並べると…

I can't thank you enough.
「感謝してもしきれません」

Thank you so much. I am extremely grateful.
「本当にありがとうございます。非常に感謝しています」

Thank you so much.
「本当にありがとうございます」

Thank you.
「ありがとうございます」

Thanks.
「どうも」

すごく感謝
↑
|
|
|
感謝

謝る Apologize　　track 56

I would like to sincerely apologize for <u>my behavior</u>（謝罪の対象）.

[訳]
私のとった振る舞いに対して心からお詫び申し上げます。

謝罪の対象

my attitude	「態度」
my tardiness	「遅刻」
my absence	「欠席」
my lack of work	「仕事の遅れ」
my lack of effort	「努力のなさ」
everything I have done	「私のしたことすべて」
my impatience	「辛抱のなさ」
my interruption	「割り込み」「じゃま」

「謝る」ことを丁寧な順に並べると…

Words cannot express how sorry I am.
「どれほど申し訳なく思っているか言葉では表せません」

I am so sorry.
「申し訳ございません」

I'm sorry.
「すみません」

Sorry.
「ごめん」

すごく謝る ↑ 謝る

許可をもらう Ask for Permission 🔊 track 57

part 2 機能別表現

If you wouldn't mind, I would like to <u>leave early today</u> (許可の内容).

[訳]
もしかまわないようでしたら、今日は早退したいのですが。

[語句]
mind「〜をいやだと思う」／ leave early「早退する」

許可の内容

interrupt	「割り込む」
ask a question	「質問する」
take a phone call	「電話をとる」
make a phone call	「電話をかける」
go to the bathroom	「トイレにいく」
take a break	「休憩する」
look at the document	「文書に目を通す」
talk with you	「相談する」
schedule a meeting with you	「打ち合わせの予定を決める」

「煙草を吸う」ための許可を得る表現を丁寧な順に並べると…

I was wondering if I could possibly smoke in here?
「ここで、できるなら煙草が吸えないかと思っているのですが」

Would it be possible to smoke in here?
「ここで煙草を吸うことができますでしょうか」

Would you mind if I smoked in here?
「ここで煙草を吸ってもよろしいでしょうか」

Could I smoke in here?
「ここで煙草を吸っていいでしょうか」

Is it okay to smoke in here?
「ここで煙草を吸っていい」

かなり丁寧に許可を得る
↑
|
|
普通に許可を得る

丁寧さの度合いを決めるのは、文章の長さであることがわかる。

要求する Request 🔊 track 58

If you wouldn't mind, I would like you to <u>go to Tokyo next week</u> (要求の内容).

[訳]
もしよろしければ、来週東京へ行っていただきたいのですが。

[語句]
mind「～をいやだと思う」 / would like 人 to *do*「人に～してもらいたい」

要求の内容

answer a question	「質問に答える」
look at ... for me	「私のために～を見る」
listen to our presentation	「プレゼンを聞く」
prepare a report	「報告書を作成する」
attend a meeting	「会議に参加する」
read my report	「報告書を読む」
give me some advice	「アドバイスをする」
share your ideas with me	「アイディアを共有する」
talk with your team	「チームメンバーと話をする」
work late	「残業する」
work harder	「もっと一生懸命働く」
finish this by the deadline	「締め切りまでにこの作業を終える」
do this now	「今これをする」

「窓を開けてもらう」ための要求を丁寧な順に並べると…

I was wondering if you could possibly open the window for me.
「私のためにできれば窓を開けていただけないかと思っているのですが」

Would it be possible for you to open the window for me?
「私のためにできれば窓を開けてくださいますでしょうか」

Would you mind opening the window for me?
「私のために窓を開けていただいてもよろしいでしょうか」

Could you open the window for me?
「私のために窓を開けてくださいますか」

Please open the window for me.
「私のために窓を開けてください」

Open the window for me.
「私のために窓を開けて」

かなり丁寧に要求

普通に要求

意欲を高める Motivate　　🔊 track 59

You are doing such an excellent job. I have been hearing good reports from your team（報告の出どころ） on your work. Congratulations. Keep up the good work!

[訳]
とてもすばらしい仕事をしています。あなたの働きぶりについてチームからよい報告があがっています。おめでとう。引き続き、いい仕事をしてください。

[語句]
keep up … 「〜を続ける」

報告の出どころ
- your superiors　「先輩たち」
- personnel　「人事」
- HR　「人事部」
- the community　「コミュニティー」
- our partners　「私たちの協力会社」
- your co-workers　「同僚」
- your team leader　「チームリーダー」
- many sources　「いろいろなところ」

叱責する Scold

🔊 track 60

I have been hearing some unsatisfactory reports on your <u>work</u> (叱責の対象). I feel there are some areas that you need to work on. Please try to do better in the future.

[訳]
あなたの仕事ぶりについていくつか残念な報告があがっています。改善する必要のある分野があるようです。今後は改善できるようにがんばってください。

[語句]
unsatisfactory「期待に添えていない」/ **work on ...**「～に取り組む」

何についての叱責か
- **attitude**　　「態度」
- **tardiness**　　「遅刻」
- **effort**　　　「努力」
- **work ethic**　「労働倫理」
- **rapport**　　 「お互いの信頼」

part 2 機能別表現

懲罰を与える Discipline　　🔊 track 61

Due to your recent problems, we have no choice but to penalize you in some way. For this reason <u>you will be demoted</u> (懲罰の内容).

[訳]
あなたの最近起こした問題により、何らかの形で懲罰を与えざるをえません。こういう訳で、降格とします。

[語句]
due to ... 「～が原因で」 / we have no choice but to *do* 「～する以外方法はない」 / penalize 「罰を与える」 / demote 「降格とする」

懲罰の内容

　your pay will be cut
　　「減給とする」
　you will have to work longer hours
　　「就業時間を延長とする」
　you will have to work overtime
　　「残業をしなければならない」
　you will have to work harder
　　「もっと一生懸命働かなけらばならない」
　you have been put on probation
　　「試用期間とみなす」
　you have been fired
　　「解雇とする」

昇進させる Promote 🔊 track 62

You have been exceeding our expectations, and we are very pleased with your leadership ^(昇進の理由). For these reasons I am happy to give you a promotion.

[訳]
あなたの働きは私たちの期待を上回るものであり、リーダーシップを発揮してくださりとてもうれしく思います。こういった理由から、昇進が決まりました。

[語句]
exceed「〜を上回る」/ we are very pleased with ...「〜でとてもうれしい」/ give ... a promotion「〜を昇進させる」

昇進の理由

effort	「努力」
professionalism	「プロ意識」
initiative	「率先してやること」
(sales) record	「(売上) 記録」
work ethic	「労働倫理」
results	「結果」
team work	「チームワーク」
management skills	「管理スキル」
administrative skills	「事務スキル」
hard work	「勤労」

目的を説明する Explain Objectives　　🔊 track 63

The objective of this <u>meeting</u>（イベント） is to <u>discuss new ideas for our company</u>（目的）.

[訳]
この会議の目的は、当社に関する新しいアイディアを話し合うことです。

[語句]
objective「目的」

イベント
lesson	「授業」
workshop	「ワークショップ」
conference	「カンファレンス」
presentation	「プレゼンテーション」
symposium	「シンポジウム」

目的
decide on a plan of action	「行動計画を決定する」
learn new techniques	「新しいテクニックを学ぶ」
develop our skills	「スキルを高める」
share ideas	「アイディアを共有する」
inform you of new developments	「新しい展開について知らせる」

列挙する List Topics

First, I will explain some background information about the company. Then I will show you the sales figures. Finally I will discuss our future plans.

[訳]
まず、当社の背景についていくつか説明します。次に、売上数値を提示します。最後に、将来の計画についてご紹介します。

[語句]
background「背景」/ sales「売上（高）」

First, I will explain general information about the conference I went to last week. Then I will show you a list of presentations I went to. Finally I will discuss some interesting things I learned.

[訳]
まず、先週参加したカンファレンスの概要を説明します。次に、どのプレゼンテーションを聞いたかを紹介します。最後に、学んできた興味深い事項について説明します。

[語句]
general information「全般に関する情報」/ conference「カンファレンス」

First, I will explain the minutes to the last meeting. Then Peter will show you our latest sales information. Finally I will discuss ideas to improve sales.

[訳]
まず、前回の会議の議事録を説明します。次に、ピーターが最新の売上情報について紹介します。最後に、私から売上向上策について説明します。

語句
the minutes to ...「〜の議事録」/ **latest**「最新の」

とっさのときに困らない
英語の30秒スピーチ

2010年4月1日　初版発行
2019年3月29日　3刷発行

著者
小坂貴志（こさか・たかし）
ヒース・ローズ（Heath Rose）
© Takashi Kosaka and Heath Rose, 2010

KENKYUSHA
〈検印省略〉

発行者
吉田尚志

発行所
株式会社　研究社
〒102-8152　東京都千代田区富士見2-11-3
電話　営業(03)3288-7777(代)　編集(03)3288-7711(代)
振替　00150-9-26710
http://www.kenkyusha.co.jp/

印刷所
研究社印刷株式会社

装丁・本文デザイン
亀井昌彦（株式会社 シータス）

CDナレーター
Steve Martin
Helen Morrison

ISBN978-4-327-43065-8　C2082　Printed in Japan